Erster Band der Reihe "Wer soll dich aufhalten ... wenn nicht du selbst?"

DIE 5 WINNER BASICS

VON OPFERN, MACHERN UND DER ESSENZ DES ERFOLGS

LEX ROMAN

Die 5 WInner Basics – von Opfern, Machern und der Essenz des Erfolgs

1. Auflage

INHALT

ZU DIESEM TEIL

Hallo, lieber Leser, liebe Leserin, herzlich willkommen!

Hast du dich schon einmal gefragt, was erfolgreiche von erfolglosen Menschen unterscheidet? Was es ist, das diejenigen *im Kern* gemeinsam haben, die ihre Träume leben, ihr Glück und ihre Erfüllung finden – und was denen fehlt, die sich durch ein unbefriedigendes Dasein voller (fauler) Kompromisse schlagen müssen?

Mich hat diese Frage die letzten zwei Jahre lang jeden Tag begleitet, und ich möchte versuchen, sie für dich in den kommenden Kapiteln so klar wie möglich zu beantworten. Sie führt uns direkt ins Zentrum, zum Fundament deiner Persönlichkeit. Denn ob du dich, egal in welchem Bereich deines Lebens, als *Gewinner* oder *Verlierer* fühlst, hängt mit diesem Fundament zusammen. Und welche Probleme auch immer dich belasten – sei es die lähmende Angst vor Ablehnung, Übergewicht, beruflicher Dauerstress oder das Gefühl beklemmender Einsamkeit – du kannst sie nur nachhaltig aufschlüsseln und lösen, wenn du dich intensiv mit dem auseinandersetzt, was dich im Innersten lenkt.

Ich will dir in diesem Buch helfen, dir eine Grundlage zu schaffen, mit der du – in *jedem* Bereich deines Lebens – deine Probleme hinter dir lassen und die Tür zu deinen Träumen weit aufstoßen kannst.

In einem ersten Schritt schauen wir uns dazu detailliert an, welches *zentrale Mindset* Gewinner und Verlierer voneinander scheidet und welche *zwei* großen Eigenschaften es sind, die die einen *immer* mitbringen und die die anderen *immer* vermissen lassen.

Im zweiten Schritt beschäftigen wir uns dann damit, wie du dir durch die Aneignung der *5 WInner Basics* das unerschütterliche Fundament einer Gewinnerpersönlichkeit schaffst.

Damit hältst du den Schlüssel in der Hand, den du benötigst, um auf tiefster Ebene – im Kern deiner Charakters – die Weichen für eine goldene Zukunft zu stellen.

Optimiere, was dir am Herzen liegt: Werde jemand, dem missgünstige Meinungen und Lästereien völlig egal sind, dessen Körper bewundernde Blicke auf sich zieht, dessen Leben sich wie ein ständiger Urlaub anfühlt und um dessen Freundschaft und Zuneigung andere buhlen.

Lege den Grundstein für das Leben, das du dir erträumst. Mit der richtigen Basis liegt der Weg frei vor dir, und die ganze Welt steht dir offen.

*(Dieses Buch ist das erste aus meiner fünfteiligen Buchreihe **„Wer soll dich aufhalten ... wenn nicht du selbst?"** Einen Ausblick auf das, was dich in den anderen Teilen erwartet, findest du im Nachwort.)*

VORWORT

Da du dieses Buch in Händen hältst, gehe ich davon aus, dass auch du das Gefühl hast (so wie ich es lange Zeit hatte), dein Potenzial nicht voll auszuschöpfen, und dass du in den verschiedenen Bereichen deines Daseins keine mickrigen oder mittelmäßigen Ergebnisse mehr erzielen willst, sondern *großartige*.

Was brauchst du dafür?

Nun, zunächst einmal deine Entschlossenheit, etwas Grundlegendes in deinem Leben ändern zu *müssen*. Wenn du diese Entscheidung im Inneren nicht triffst, werden deine künftigen Resultate sich nicht nennenswert von deinen bisherigen unterscheiden. Aber: Entschlossenheit ist nicht alles, und *nur*, weil du entschlossen bist, stellt sich noch lange nicht zwangsläufig strahlender Erfolg ein. (Wenn das so wäre, würden sich unzählige Männer und Frauen spätestens kurz nach der Pubertät wie von Zauberhand in unwiderstehliche Magneten für das andere Geschlecht verwandeln.)

Was benötigst du also zusätzlich, um tiefgreifende Verbesserungen zu realisieren?

Kurz gefasst: eine verständliche Anleitung.

Die Betonung liegt auf *verständlich*: Dort, wo dir ein übersichtlicher, klarer Weg aufgezeigt wird, gelangst du in Kombination mit echter Entschlossenheit auch zum Ziel.

Und eine solche Anleitung ist es, die ich dir mit diesem Buch an die Hand geben möchte.

Bei vielen Menschen, die ihr Leben von Grund auf nachhaltig zum Besseren gewendet haben, gab es zuvor so etwas wie ein „Erweckungserlebnis" – eine persönliche Niederlage, eine schwere Kränkung oder ein anderes Ereignis, das ihr „Ich sollte" oder „Ich könnte" zu einem „Ich *muss*" gemacht hat. Und vielleicht liest auch du diese Zeilen, weil du ein einschneidendes Erlebnis hinter dir hast, das dir deutlich mitgeteilt hat: „So kann es nicht weitergehen!" Vielleicht hast auch du in einem oder mehreren Lebensbereichen die Schnauze gestrichen voll.

Wenn das so ist, dann findest du in den folgenden Kapiteln einen Leitfaden, der dir hilft, große, entscheidende Schritte nach vorne zu machen – damit der Funke, der durch dein „Ich *muss*" entstanden ist, nicht erlischt, sondern ein loderndes Feuer entfacht.

Aber vielleicht ist dein Leben auch ganz erträglich, und du dämmerst nur fernab von deinen begrabenen Kindheits- und Jugendträumen in einem durchschnittlichen Alltag vor dich hin und lässt dich von ein paar unfähigen Vorgesetzten herumkommandieren, während dir deine kostbare Lebenszeit durch die Finger rinnt.

In diesem Fall hoffe ich, dass ich dich ermutigen kann, wieder verrückte Abenteuer zu wagen und dein Leben mit Bedeutung zu füllen, indem du deine Ketten sprengst und deine Träume verwirklichst.

In diesem Sinne: Starten wir!

KAPITEL 1

ALLES ZUFALL? VON OPFERN UND MACHERN

»Mensch sein heißt ja niemals, nun einmal so und nicht anders sein müssen, Mensch sein heißt immer, immer auch anders werden können.«

Viktor Frankl

Die meisten Menschen hängen zeitlebens der verschwommenen Idee an, Erfolg wäre Glückssache. Für bestimmte Auserwählte kommt er ihrer Überzeugung nach mit der Geburt in ein Königshaus oder in eine Firmendynastie, für sie selbst bleibt er ein Zufallstreffer, auf den man wie auf einen Lottogewinn hofft. Das gilt für alle Bereiche ihres Lebens.

Ob sie krank sind oder kerngesund: Zufall! Es hat ihrer Meinung nach nichts damit zu tun, wie sie ihre Ernährung gestalten, mit ihren seelischen Konflikten umgehen oder ob sie sich sportlich betätigen.

Ob sie wohlhabend oder bettelarm sind: wieder Zufall! Eine Laune des Schicksals, der Wirtschaft oder ihres blöden Chefs. Es ist nebensächlich, wie fleißig sie sind, welche Tätigkeit sie sich ausgesucht oder wie umfassend sie ihre soziale Kompetenz ausgebildet haben.

Und ob ihre Partnerschaft harmonisch, bereichernd oder die Hölle auf Erden ist: auch Zufall! Was können sie dafür, dass es in ihrem Dorf nur drei potenzielle Partner(-innen) gab? Da kann man es schon mal schlecht treffen.

Ein erster entscheidender Schritt ist es, dir unmissverständlich klarzumachen, dass *du allein* der Gestalter deines Lebens bist. Egal, was passiert – es liegt in deiner Hand, was du daraus machst.

Wenn du dich weigerst, diese Wahrheit anzuerkennen, bleibst du eine antriebslose Marionette, deren Fäden andere in Händen halten.

Viele Menschen haben sich in dieser kindlichen Rolle eingerichtet. Statt Verantwortung für sich und ihr Schicksal zu übernehmen, setzen sie darauf, ihre Mitmenschen zeitlebens mit infantilen Techniken (Einschleimen, Mitleidheischen, Schlechtes-Gewissen-Machen, Quengeln, Drohen) zu manipulieren. Sie zahlen einen hohen Preis: Denn solange sie in diesen Umgangsformen steckenbleiben, ketten sie sich an ein Dasein in Abhängigkeit und Ohnmacht.

Wollen wir aber – in jedem Bereich unseres Lebens – unser Potenzial entfalten und uns all das nehmen, was die Welt Großartiges für uns bereitgestellt hat, so sind wir gefordert, *erwachsen* zu werden: zu einer eigenen Größe, die für sich einsteht, dem Gegenwind trotzt, beherzte Entscheidungen trifft und die Konsequenzen klaglos akzeptiert.

An diese Einsicht schließen zwei wichtige Fragen an:

- *Wie verwirkliche ich meine großen Ziele in jedem Bereich meines Lebens?*
- *Wie werde ich jemand, der Erfolg anzieht?*

Wir können die Antwort ohne große Umschweife geben:

Fang an, so zu denken und dich so zu verhalten wie jemand, der Erfolg hat.

Also: *Wie* denken und handeln diejenigen, die überwältigenden Erfolg haben? Was zeichnet sie aus und unterscheidet sie von jenen, die sich mit einem Leben auf Sparflamme voller Einschränkungen und Abhängigkeiten begnügen müssen?

<u>Erfolgreiche</u> Menschen sind hochaktiv.

Sie haben klare Ziele.

Sie arbeiten fokussiert und unermüdlich auf deren Verwirklichung hin.

Sie konzentrieren sich auf Positives und auf Möglichkeiten.

Sie übernehmen die volle Verantwortung für ihr Leben und suchen bei Problemen nach Lösungen.

Stoßen sie auf Hindernisse, suchen sie so lange nach Wegen, diese zu überwinden, bis sie es geschafft haben.

Sie freuen sich, wenn sie andere mit sich nach oben ziehen können.

Diese Menschen nennen wir im Folgenden **Macher**.

<u>Erfolglose</u> Menschen sind gelähmt und träge oder strampeln sich an Nebensächlichkeiten ab.

Sie haben keine wirklichen oder völlig falsche Ziele.

Sie lassen sich stattdessen von ihren Gelüsten und Ängsten hin- und hertreiben.

Sie versuchen „durchzukommen".

Sie konzentrieren sich auf Negatives und auf mögliche Gefahren.

Sie schieben die Verantwortung für ihr Schicksal nach außen ab und suchen bei Problemen nach Rechtfertigungen und Schuldigen.

Stoßen sie auf Hindernisse, baden sie in Selbstmitleid und geben auf.

Sind keine Hindernisse in Sicht, erschaffen sie selbst künstliche.

Sie freuen sich insgeheim, wenn andere scheitern – geteiltes Leid ist halbes Leid.

Diese Menschen bezeichnen wir im Folgenden als **Opfer**.

KAPITEL 2

ZU DEN BEGRIFFEN

»Ein Held ist einer, der tut, was er kann.
Die andern tun es nicht.«

Romain Rolland

Der Macher (auch: *Gewinner* oder *starke Persönlichkeit*)

Wenn im Folgenden vom *Macher* (oder der Macherin) die Rede ist, so ist damit der Typ Mensch gemeint, der ein erfolgsförderndes Mindset verinnerlicht hat, konsequent zielgerichtet handelt und unermüdlich danach strebt, sich zu verbessern.

Diese Gewinnertypen arbeiten erfolgreich und effektiv darauf hin, ihre Träume zu verwirklichen, und erschließen sich immer neue Horizonte. Sie begegnen

Herausforderungen reif, innerlich aufgeräumt und vorbereitet.

Der Begriff des Machers wird in diesem Buch in einem rein *positiven* Sinne verwendet. Er bezeichnet ein archetypisches Ideal: eine Persönlichkeit, wie sie sein sollte.

Das heißt auch: Der Typus des rücksichtslosen, verbissenen Ehrgeizlings, der sich zur Erreichung mitunter fragwürdiger Ziele nach vorne drängt (was manche ebenso mit dem Ausdruck *Macher* verbinden mögen), ist in unsere Definition *nicht* eingeschlossen. Wenn wir im späteren Verlauf einen solchen Charakter beschreiben, sprechen wir ausdrücklich vom *negativen Macher.*

Das Opfer (auch: *Verlierer, Mitläufer* oder *schwache Persönlichkeit*)

Verkehren wir die Eigenschaften des Machers ins Negative, so erhalten wir die Persönlichkeit des Opfers. Dieser Typus ist in seinem Entwicklungsprozess stehengeblieben und begegnet den Herausforderungen und Problemen des Lebens auch als Erwachsener immer noch auf der Stufe eines Kleinkindes, auf dessen Schreie niemand reagiert. Er sieht die Welt vornehmlich als Bedrohung.

Wie den Begriff des *Machers* benutzen wir auch den Begriff *Opfer* im Folgenden vereinfachend: Beide stehen für Archetypen. Natürlich gibt es auch in der Realität Menschen, die diesem oder jenem Typus sehr nahe kommen, doch treffen wir dort vielmehr auf ein breites Spektrum an Mischformen und differenzierter zu betrachtenden Persönlichkeiten. Die meisten (der Autor dieser Zeilen hier eingeschlossen) befinden sich irgendwo in der Mitte zwischen den Extremen. Das liegt in der menschlichen Natur: Niemand denkt und verhält sich schließlich immer und überall *nur* vorbildlich (wie ein Macher) oder *nur* beklagenswert (wie ein Opfer).

Hinzu kommt, dass ein und dieselbe Person je nach Lebensbereich mal zu der einen, mal zu der anderen Seite hin ausschlagen kann. Dass der Personalchef einer Firma in seinem Beruf souverän handelt und eigene Entscheidungen trifft, bedeutet keinesfalls, dass er dies auch auf dem ersten Date mit einer Frau, an der er interessiert ist, tut.

Diesem Sachverhalt tragen wir unter anderem mit den folgenden Begriffen Rechnung.

Der innere Macher und das innere Opfer

Als *inneren Macher* bezeichnen wir die Gesamtheit der in uns liegenden *Macher*-Anteile. Aus diesen Anteilen entspringen die *förderlichen* Denk- und Verhaltensmuster, die zu Erfolg, Freiheit, Reichtum, einer breiten Auswahl an Möglichkeiten und einem erfüllten Leben führen.

Überall dort, wo du auf deinen ureigenen Traum hinarbeitest, dabei Fehler in Kauf nimmst und aus ihnen lernst, wo du Widerstände überwindest und den Weg weitergehst, den du sorgfältig für dich ausgewählt hast, wo du dich schonungslos der Realität stellst, ehrliches Feedback einforderst, wo du anderen hilfst, ohne das Geringste dafür zurückzuerwarten, dort ist dein innerer Macher am Werk.

Das *innere Opfer* hingegen repräsentiert die Gesamtheit der in uns liegenden *Opfer*-Anteile. Diese Anteile bedingen jene *schädlichen* Denk- und Verhaltensmuster, die im Leben des Betroffenen lähmende Konfusion, Erfolglosigkeit, Abhängigkeit und Mangel an Optionen manifestieren.

Dort, wo du anderen Schuld gibst oder ihnen Vorwürfe machst, wo du in Selbstmitleid versinkst, wo du die Umstände deine Realität bestimmen lässt, wo du ein Scheitern ausschließen und keinerlei Fehler begehen willst, wo du dem Gruppendenken folgst, dich darauf konzentrierst, den Schein für die Außenwelt zu wahren, wo du ehrlichem Feedback ausweichst und Klarheit scheust, dort ist das *Opfer* in dir aktiv.

Die beiden Gegenspieler befinden sich in direkter Abhängigkeit voneinander: Was die eine Seite verliert, gewinnt die andere. Das bedeutet: Jede Stärkung eines Bestandteils des inneren *Machers* ist gleichzeitig ein Angriff auf den ihm entgegengesetzten Bestandteil des inneren *Opfers* – und umgekehrt.

Sprechen wir im Folgenden vom Macher oder Gewinner, so beziehen wir uns auf Menschen, bei denen der *innere Macher* (in einem bestimmten Lebensbereich) die treibende Kraft darstellt, die Mindset und Verhalten prägt.

Sprechen wir hingegen vom Opfer oder Opfer-Typus, so meinen wir damit Menschen, bei denen das *innere Opfer* dominant ist und Denken und Handeln bestimmt.

Solltest du dich also in dem einen oder anderen „Opfer"-Satz wiedererkannt haben, so lass dich davon nicht entmutigen. Zum Ersten: **Du bist nicht allein.** Wir alle tragen ein inneres Opfer in uns, das uns drängt, in die bequeme Rolle des Kindes zu schlüpfen, das unbekümmert und frei vor sich hinlebt und weder Verpflichtung noch Verantwortung kennt. Und zum Zweiten: **Nicht die Vergangenheit zählt, sondern einzig deine Bereitschaft, dich zu verändern.**

Alle Maßnahmen, die du beherzt ergreifst, um deinen inneren Macher zu stärken, befruchten sich gegenseitig und bilden eine Aufwärtsspirale, die dich mit sich nach oben nimmt.

Überall dort, wo du effektiv an dir arbeitest und *einen* der Bestandteile des inneren Machers verbesserst, werkelst du nicht nur isoliert an einem Baustein, sondern setzt mächtige positive Kettenreaktionen in Gang.

Von *fundamentaler* Bedeutung ist es immer, für dich zu erkennen, in welchen Bereichen deines Lebens und in welchen Situationen dein inneres Opfer federführend ist und deine Gedanken und Handlungen bestimmt. Denn:

Das Machtverhältnis zwischen deinem inneren Opfer und deinem inneren Macher prägt dein ganzes Sein und jedes Teilstück davon.

Es entscheidet darüber, wie du deine Umwelt gestaltest, was du unterlässt und meidest, was du unternimmst und wonach du strebst – und es bestimmt auch, welche Freunde du wählst und welche Bücher du liest. Wo dein inneres Opfer übermächtig ist, wird es dich unbemerkt, aber rigoros, dazu bringen, nur solche Menschen als „Freunde" in dein Leben zu lassen, die deinen Opfer-Status nicht antasten. Und es sorgt dort auch dafür, dass du jede ernsthafte Veränderung unbewusst *selbst* verhinderst, auch wenn du zum Schein alles Mögliche tust – unter anderem vielleicht viele „Ratgeber" liest. Doch: Als Alibi soll dir dieses Buch nicht dienen. Dein inneres Opfer kann nicht neben einem erfüllten Leben existieren, und das soll es auch neben diesen Zeilen nicht lange können.

KAPITEL 3

DIE ERSTE GROßE MACHEREIGENSCHAFT – ZUPA

»Der Unterschied zwischen dem, der du bist, und dem, der du sein möchtest, ist das, was du tust.«

Unbekannt

Bleibst du in opfertypischen Denk- und Verhaltensmustern gefangen, schipperst du weiterhin ziellos im Brackwasser herum, fährst unbedacht in Stürme, in denen du kenterst, oder bringst als getreuer Fährmann immer wieder andere ans Ziel, ohne selbst mit an Land gehen zu dürfen.

Als Macher hingegen überprüfst du Ziel, Transportmittel, Mannschaft und Kurs genau, ehe du in See stichst, optimierst unaufhörlich alle Variablen und steuerst unaufhaltsam auf deinen Bestimmungsort zu.

Die Eigenschaft, die dich dabei begleitet, ist die **zielgerichtete, unermüdliche Pro-Aktivität (ZUPA)**. Sie ist der Schlüssel zur Verwirklichung deiner Wünsche und Träume, und sie gilt es zu entwickeln und zu stärken. Mit ihrer Hilfe gelingt es dir, mächtige Veränderungen zum Positiven anzustoßen.

Im Detail besteht sie aus vier konstituierenden Elementen:

1. Pro-Aktivität

2. Zielorientierung

3. Ausdauer

4. Flexibilität

1. Pro-Aktivität

Ein Boxer, der seine Deckung nie verlässt und niemals zuschlägt, kann keinen Kampf gewinnen. Daher brauchst du Pro-Aktivität – die pulsierende Freude, aktiv zu sein oder es bald werden zu können. Von dieser lebendigen Urkraft getragen und beflügelt, packst du an und handelst beherzt, ohne zu zögern. Lass das Gefühl, dass du es gar nicht erwarten kannst, Dinge anzustoßen und durchzuziehen, dass du übersprudelnd energiegeladen und bis in die Haarspitzen motiviert bist, zu deinem festen Begleiter werden.

2. Zielorientierung

Auch die härtesten Schwinger bewirken nichts, wenn du mit ihnen minutenlang ins Leere schlägst. Du brauchst Zielorientierung, denn sie verhindert, dass du dich in blindem Eifer wild verausgabst. Sie sorgt für einen klaren Kurs und dafür, dass du diesen nicht nur mit Freude und Leidenschaft, sondern auch kontrolliert und fokussiert verfolgst. Mit ihr bist du in der Lage, deine ganze Energie gebündelt und im Dienste höchster Effektivität und Präzision einzusetzen.

Doch echte Zielorientierung gemäß unserem Verständnis von ZUPA bedeutet noch mehr als das. Immerhin sehen wir auch Mitläufer und Irrlichter, die auf etwas Bestimmtes fokussieren und ihm entschlossen nachjagen. Zielorientierung in unserem

Sinne meint die Verfolgung eines *richtigen*, lohnenswerten Ziels. Eines Ziels, dessen Erreichung dich mit tiefer Zufriedenheit erfüllt, das mit Bedacht ausgewählt und mit Expertenwissen abgeglichen wurde. Du willst ins Schwarze treffen und nicht, wie der Opfer-Typus, unaufhörlich auf den Schiedsrichter, den Ansager oder den Ringpfosten einprügeln.

3. Ausdauer

Reicht deine Puste nur für die erste Runde, gehst du unter, sobald du in den weiteren auf Widerstand triffst. Ausdauer und Unbeirrbarkeit stellen sicher, dass du dich von Ablenkungen, Rückschlägen und Hindernissen nicht aufhalten lässt. So schreitest du unbeeindruckt voran, egal, was sich dir in den Weg stellt. Ausdauer und Unbeirrbarkeit lassen, wenn du so willst, deine Pro-Aktivität dauerhaft werden.

4. Flexibilität

Wenn du bemerkst, dass deine Schläge ihr Ziel zu selten finden oder weitgehend wirkungslos verpuffen, musst du in der Lage sein, darauf zu reagieren. Flexibilität ergänzt dein Durchhaltevermögen um die

Lernfähigkeit und den gesunden Menschenverstand, die verhindern, dass du starr unaufhörlich mit dem Kopf gegen die Wand rennst. Sie ermöglichen es, dass du dich immer wieder auf Neues einlassen und notwendige Anpassungen in deiner Strategie vornehmen kannst. So schaffst du es, dein Vorankommen kontinuierlich zu perfektionieren, lernst aus Fehlversuchen und bist in der Lage, dein Vorgehen durch neue Ansätze zu ergänzen.

Zusammengefasst:

Willst du deine Ziele erreichen, ist es unverzichtbar, aktiv zu werden – es reicht jedoch noch nicht aus. Du brauchst auch eine sorgfältig ausgewählte Richtung, die Ausdauer, nicht aufzugeben, und die Fähigkeit, dein Vorankommen klug auszuwerten.

Im Ganzen erinnert die zielgerichtete, unermüdliche Pro-Aktivität, die ZUPA, an die bekannte Kombination aus heißem Herz und kühlem Kopf. Um auf dem Weg zu greifbaren Resultaten zu kommen, ist es notwendig, ein effektives System zu entwickeln, das

Rückschläge einkalkuliert und dich die nötigen Anpassungen jederzeit vornehmen lässt. Dein Weg führt dich trotz vollen Einsatzes nicht zum gewünschten Ergebnis? Dann probierst du als Macher einen neuen, und das unermüdlich so lange, bis der Erfolg sich einstellt.

KAPITEL 4

DIE ZWEITE GROßE MACHEREIGENSCHAFT – SELBSTWERTGEFÜHL

»Derjenige allein ist arm, der an sich selbst nicht glaubt.«

Marc Aurel

Während die starke Persönlichkeit sich selbst einen hohen Wert zuschreibt und davon überzeugt ist, auch schwierige Herausforderungen bestehen und meistern zu können, sind ein gering ausgeprägtes **Selbstwertgefühl** (*„Ich verdiene es nicht, erfolgreich zu sein!"*) und mangelndes **Selbstvertrauen**, also fehlender Glaube an die eigenen Fähigkeiten (*„Ich schaffe das sowieso nicht!"*), prägend und absolut charakteristisch für die Persönlichkeit des Opfer-Typus.

Der **Selbstwertschutz** ist ein Mechanismus, der, basierend auf der Wahrnehmung eigener Minderwertigkeit und Unzulänglichkeit, verhindern soll, dass dem schwachen Ich des Opfers, das sich sowieso schon „mit dem Rücken zur Wand stehend" sieht, eventuelle weitere Kränkungen hinzugefügt werden.

Ein übermächtiger Selbstwertschutz ist absolut kennzeichnend und wesensdefinierend für *jeden* Opfer-Typus.

Das **Ego** (der falsche Stolz), welches nicht immer klar vom Selbstwertschutz abzugrenzen ist, zielt ebenso auf die Außenwirkung, hier auf die Erhaltung der aufgeblähten Illusion eigener Vollkommenheit und Überlegenheit, ab. Es gründet in einem oft grotesk überhöhten Selbstbild, einer Fassade, die der Betroffene für sich und andere errichtet hat, und kämpft darum, dieses Blendwerk mit allen Mitteln zu erhalten. Ein solcherart ausgeprägtes Ego ist nicht bei jedem, sondern nur bei manchen Opfer-Typen zu beobachten.

Beide Instanzen (wir nennen sie im Folgenden auch **innere Störenfriede**) blockieren in hohem Maße jede Weiterentwicklung, da sie den Betroffenen von Situationen fernhalten, in denen er dazulernen könnte.

Das starke Ich des positiven Machers ist immun gegen den Einfluss von Selbstwertschutz und Ego. Deren Ziele, wie *„sich nicht lächerlich machen"*, *„gut dastehen"*, *„nicht gekränkt werden"* oder *„nicht verletzt werden"*, sind für ihn nicht handlungsrelevant. Dem Macher ist es egal, ob irgendjemand ihn abweist, verlacht oder sich hinter seinem Rücken über ihn lustig macht.

Ganz anders die schwache Persönlichkeit: Sie ist ihrem Drang nach Selbstwertschutz hilflos ausgeliefert. Wie ein Virus, der das Gehirn des Betroffenen umprogrammiert, übernimmt dieser Drang das Kommando über ihr Denken. Viele Opfer-Typen halten das, was ihr Selbstwertschutz ihnen einflüstert, gar für Impulse ihres ureigensten Selbst, sie glauben, es mache den Kern ihrer Persönlichkeit aus. Das hat fatale Konsequenzen.

Die fatalen Auswirkungen eines übergroßen Selbstwertschutzes

*»Ein schwacher Feind in der Festung ist fürchterlicher
als der stärkste von außen.«*

Wilhelm Heinse

Ein übergroßer, hochempfindlicher Selbstwertschutz
(welcher aus einem Mangel an Selbstwertgefühl und
Selbstvertrauen resultiert) zieht viele der bei den Betroffenen häufig zu beobachtenden, klassischen „Verlierer"-Eigenschaften nach sich.

Leben in Alarmbereitschaft

An vorderster Stelle ist die für den Opfer-Typus innerlich nahezu immer ausgerufene „Alarmstufe" zu
nennen: Seine gesamte Wahrnehmung ist und bleibt
elementar von Angst und Bedrohungsempfindungen
geprägt.

**Der Opfer-Typus führt ein Leben in der Defen-
sive, voller Vorsicht und Misstrauen. Seine
Denkmuster sind darauf ausgerichtet, Dinge zu
vermeiden: Alleinsein, Unsicherheit, Kränkung
usw.**

Daraus ergibt sich auch seine spezielle Sicht auf Unbekanntes: Nahezu alles Neue wird von ihm vornehmlich als Bedrohung erlebt. (Es existieren einige Ausnahmen, die meist dann zu beobachten sind, wenn Neuerungen tief verwurzelte Bedürfnisse zu befriedigen versprechen.)

Das kommt jedoch selten vor. Sollte ein eingefleischter Verlierer eine Million im Lotto gewinnen, denkt er nicht nur: *„Oh, geil, da schau ich jetzt mal, was ich alles so machen kann mit dem Geld!"*, sondern fokussiert auch hier auf alle denkbaren Probleme:

„Oh Gott, was wird jetzt die Steuer von mir wollen?"

„Was ist, wenn ich das Geld für das Falsche ausgebe, wie werden die Leute dann über mich denken?"

„Wie stehe ich vor meiner Verwandtschaft da, was erwarten die jetzt von mir?"

„Heieiei, jetzt muss ich allen zeigen, was für ein geschickter Investor ich bin, dabei kann ich das doch gar nicht!"

Wie er vor anderen dasteht, ist immer sein erster Gedanke.

Er will nur „durchkommen", nicht auffallen, den Schein nach außen und innen wahren und im Strom mitschwimmen.

Scheinentwicklung: Hauptsache, das Alibi stimmt

Veränderungen des gewohnten Zustands (auch durch Ereignisse, die für Außenstehende *eindeutige Glücksfälle* darstellen) werden in der Regel von seinem Selbstwertschutz bekämpft. Dadurch bleibt der Opfer-Typus auf ewig an seine Problematiken gefesselt. Er ist in einem Teufelskreis gefangen: Die Probleme, die er hat, sind ihm vertraut und geben ihm Sicherheit und inneren Halt. Und das erzeugt in ihm ein starkes unterbewusstes Bedürfnis, sie *behalten* zu wollen. Denn würde er sie hinter sich lassen, würde er mit etwas Neuem konfrontiert – und das ist für ihn bedrohlich. Wie ein geprügelter Hund zu seinem Herrchen kehrt er immer wieder in seine unbefriedigende Situation zurück. Ein Problem lässt sich, wie Einstein es formulierte, nicht mit derselben Denkweise lösen, durch die es entstanden ist. Alles, was der Opfer-Typus tut, um eine „Lösung" herbeizuführen, ist Gaukelei und dem Zweck unterstellt, sich vor dem Hintergrund seines fortlaufenden Misserfolgs ein Alibi für die eigene Unschuld zu konstruieren.

Wenn du dich je gefragt hast, warum eine so riesige Masse an Menschen Bücher zur Selbsthilfe liest, Coaches, Seminare und Workshops bucht, ohne jemals eine wirkliche Verbesserung zu erzielen, so liegt hier die Antwort.

Für den Opfer-Typus ist es nicht entscheidend, sich in einem bestimmten Bereich weiterzuentwickeln. Für ihn ist es vielmehr entscheidend, nach außen hin und vor sich selbst *den Eindruck zu erwecken*, er würde an seiner Weiterentwicklung arbeiten!

Er will den internen und externen Kritikern nur eine gut klingende Antwort präsentieren. (*„Seht her, was ich alles mache, um voranzukommen. Ich kann also nicht schuld daran sein, dass es nicht klappt!“*)

Ablehnung von Verantwortung, Suche nach Entschuldigungen

Ist der Opfer-Typus mit einem Problem konfrontiert,

denkt er nicht primär daran, wie er am besten eine befriedigende Lösung herbeiführen könnte, sondern daran, wie sich *seine Außenwirkung als Verwickelter* darstellt. Er konzentriert sich daher für gewöhnlich auf Gedanken, die ihm helfen sollen, seine eigene Rolle bestmöglich zu rechtfertigen und ihn besser aussehen zu lassen.

Durch den Filter der konstanten Bedrohung sieht er externe Faktoren in erster Linie als *Gefahren* oder *Entschuldigungslieferanten*.

Die Erkenntnis, selbst für seinen Zustand verantwortlich zu sein, ist für ihn als schwache Persönlichkeit so schmerzhaft, dass er sie nicht zulassen kann, da er sich dann mit sich selbst auseinandersetzen und seine bisherigen Handlungen hinterfragen müsste. Dagegen wehrt sich sein Selbstwertschutz mit Händen und Füßen. Er leitet den Opfer-Typus stattdessen an, seine Energie in die Gestaltung von Ausreden, Entschuldigungen und Schuldzuweisungen an andere zu investieren, die er für seine Probleme (und davon hat er immer sehr viele, da er sie magnetisch anzieht bzw. unbewusst selbst herstellt) verantwortlich machen kann.

Die komplette Ablehnung von Verantwortung für sich selbst ist ein absolut charakteristisches Wesensmerkmal jedes Opfer-Typus.

Opfer-Typen, die zusätzlich mit einem übergroßen Ego ausgestattet sind, trachten zu diesem Zweck oft umfassend danach, ihre willkürlichen emotionalen Reaktionen in ihrem Umfeld als gottgegebene Norm zu etablieren, der sich alle anderen zu unterwerfen hätten. Sie selbst hätten keine Wahl und müssten so oder so – als unschuldiges „Opfer" dieser unveränderlichen Emotionen – reagieren (wie ein Kleinkind, mit Wutausbrüchen, physischer Gewalt, Beleidigungen etc.). So können sie sich in Selbstmitleid suhlen und sich gleichzeitig jeder Verantwortung entheben. Sie *„seien halt nun mal so"*, was für sie Rechtfertigung genug ist, sich ihren Impulsen hemmungslos hinzugeben, denn schließlich „steht es außerhalb jeder Diskussion", dass sie daran etwas ändern könnten.

Streben nach Verschwommenheit

Die Vorstellung, Klarheit herzustellen, löst beim Opfer-Typus Angst aus, da ihn das in die Verantwortung setzen würde und ihm die Möglichkeit zur Verneblung seiner Motive und Verklärung seiner Handlungen nähme.

Der Opfer-Typus ist ganz allgemein mit aller Kraft bestrebt, überall Verschwommenheit und Uneindeutigkeit zu erzeugen.

Auch kritisches Feedback wird von ihm in jeder Form torpediert. Er blockt Kritik ab, tabuisiert sie (z. B. durch zur Schau gestellte Verletztheit oder scharfe persönliche Angriffe gegen den Urheber) oder lässt sie „über sich ergehen", während er innerlich abschaltet, um sie nicht an sich heranzulassen. Dadurch ist er in der Lage, auch das Festhalten an Holzwegen und völliges Scheitern vor sich selbst und anderen zu zerreden und in oft bizarr anmutender Form verbal in Erfolg und Vorankommen umzuwandeln. Nichts zwingt ihn so zum Innehalten und zur eventuellen Kurskorrektur. Statt sich mit den Folgen seines bisherigen Handelns zu konfrontieren, was ihm offenbaren würde, dass seine gewählte (Lebens-)Strategie vielleicht versagt hat, fährt er mit ihr weiter kontinuierlich gegen die Wand.

Aus dem Wunsch, der Realität zu entfliehen, erklärt sich auch die hohe Affinität des Opfer-Typus zu Drogenmissbrauch und Süchten aller Art.

Mitläufertum

Damit der Opfer-Typus sich jeder Verantwortung entziehen kann, lässt der ihm eigene Selbstwertschutz ihn überdies eine Masse suchen, in der er untertauchen und aufgehen kann. So wirft er sich (wechselnden) Gurus an den Hals, denen er blindlings folgen kann. Diese phantasiert er sich zu Erlöserfiguren zurecht, die ihn als Gegenleistung für seine treue Ergebenheit und Selbstaufgabe von seinem Leid befreien sollen. Nicht umsonst ist er, als klassischer Mitläufer, höchst anfällig für Ideologien aller Art. Ob diese harmlos oder gemeingefährlich sind, ist oft völliger Zufall.

Der Opfer-Typus passt sich den Regeln und Vorgaben unterschiedlichster Gemeinschaften sklavisch an, egal, wie fragwürdig oder bizarr diese auch sein mögen.

Wenn er bemerkt, dass irgendetwas für ihn dabei nicht befriedigend läuft, reagiert er oft wutentbrannt oder weinerlich mit Beschwerden und Vorwürfen, ohne jedoch seine eigene Verantwortlichkeit zu hinterfragen.

Der Macher: *Selbstwertgefühl statt Selbstwertschutz*

»Was einer für sich selbst ist, was ihn in die Einsamkeit begleitet und was keiner ihm geben, oder nehmen kann, ist offenbar für ihn wesentlicher, als alles, was er besitzen, oder auch, was er in den Augen anderer sein mag.«

Arthur Schopenhauer

Im Gegensatz zu allem, was wir über den Opfer-Typus geschrieben haben, steht hier wiederum der

Macher. Er verfügt, wie bereits festgestellt, über eine starke Persönlichkeit, ein hohes Selbstwertgefühl und ein starkes Selbstvertrauen. Das erlaubt es ihm, sich auf Neues und Unbekanntes einzulassen, Fehler zu machen und auch mal „dumm dazustehen". Über Fehlschläge kann er herzhaft lachen, denn er ist sich seines Wertes und seiner Fähigkeiten stets bewusst. Er fokussiert, im Gegensatz zum Opfer, nicht auf potenzielle Bedrohungen, sondern auf Chancen und Lösungen.

Der Macher übernimmt die volle Verantwortung für sein gesamtes Leben, beschwert und beklagt sich nicht, macht niemandem Vorwürfe und sucht nicht nach Entschuldigungen. Er zieht, wenn nötig, Konsequenzen ohne Bitterkeit.

Auch der Macher ist keineswegs jederzeit „gut drauf" und frei von Nervosität oder Anspannung. Er hat jedoch immer ein großes *Wohin-und-Warum*, das für ihn im Vordergrund steht. Auf langfristiger Ebene vergrößert er kontinuierlich seine Komfortzone, um als Persönlichkeit zu wachsen, auf kurzfristiger akzeptiert er seine Angst und Aufregung als natürlich und zwingt sich dazu, sich von ihnen nicht lähmen zu lassen und trotzdem zu handeln. Er macht sich seine inneren Voraussetzungen bewusst, um sie bestmöglich einsetzen und seinen Umgang mit ihnen optimieren zu können.

Der Macher strebt nach Klarheit und Ergebnissen. Er will nicht den Eindruck erwecken, erfolgreich zu sein, um von anderen dafür anerkannt oder bewundert zu werden, er will tatsächlich erfolgreich sein, um all die Vorteile zu genießen, die das mit sich bringt.

Er will immer weiter dazulernen, um seine Möglichkeiten zu erweitern, daher sucht er aktiv ein hartes, ehrliches Feedback, das ihn mit seinen Problembereichen konfrontiert, sodass er sie an der Wurzel bearbeiten und auflösen kann.

Der Macher denkt für sich selbst. Er ist immun gegen Ideologien und die Hypnose des Mainstreams. Er wahrt eine kritische Distanz zu sich selbst und anderen und läuft niemals blind jemandem hinterher.

Die Macht des Ego: positive und negative Macher

»Du bist die Aufgabe. Kein Schüler weit und breit.«

Franz Kafka

Ein übergroßes Ego, der falsche Stolz, verleitet den Betroffenen, sich nichts sagen zu lassen und setzt seiner Entwicklung so enge Grenzen. Denn es erzeugt das Gefühl, keine Schwäche mehr zeigen und keine Unterstützung mehr annehmen zu dürfen, um einen einmal vor sich selbst und anderen etablierten Status nicht zu gefährden.

Das wirkliche Problem liegt bei genauerer Betrachtung nicht primär darin, dass ein Ego *vorhanden* ist, sondern vielmehr darin, dass es an Eigenschaften mangelt, die eine tatsächlich starke Persönlichkeit auszeichnen und ein gesundes Gegengewicht zu diesem Ego bilden, z. B.: Bescheidenheit, Demut, Reflexion, über sich selbst lachen zu können, Teamfähigkeit oder Lernbereitschaft. Der positive Macher verfügt über solche Eigenschaften und hat ein höheres Ideal, dem er sein Ego unterordnet, wohingegen der negative Macher dazu nicht in der Lage ist. Letzterer verfolgt *zwanghafte* Ziele, die er zu erreichen trachtet, um unbewusst ein tief empfundenes Defizit auszugleichen.

Nehmen wir als Beispiel ein Theaterensemble: Auch dem positiven Macher gefällt es, wenn er in der Zeitung gelobt oder besonders hervorgehoben wird, trotzdem richtet er sich nicht danach aus, sondern tut alles dafür, dass das Team Erfolg hat. Der negative Macher spielt primär für sich selbst und drängt sich eventuell sogar störend in den Vordergrund. Sein oft aggressiv zur Schau gestelltes Selbstwertgefühl ist ein fragiles Konstrukt, das stets gefährdet ist, wie ein Kartenhaus in sich zusammenzubrechen.

Wohlgemerkt: Der negative Macher kann ein sehr fleißiger, talentierter und auch empathischer Mensch sein, der lediglich „nicht aus seiner Haut" kann, da er von einem übermächtigen Minderwertigkeitskomplex kontrolliert wird, der ihn dazu bringt, all seine Kraft für seine Selbstdarstellung aufzuwenden.

Er kann aber, wenn ihm das Gefühl für andere Menschen fehlt, auch als ehrgeizzerfressener Einzelgänger auftreten, der eine brutale Ellbogenmentalität sein Eigen nennt. Interessant ist die Sicht des Opfer-Typus auf diese letztgenannte Erscheinungsform des negativen Machers: Er hält deren extreme Ich-Bezogenheit, verkrampfte Verbissenheit und rücksichtslose Befriedigung ihrer Ego-Bedürfnisse nämlich ironischerweise für das Zeichen einer „starken Persönlichkeit". Trifft er auf Menschen, die besonders lautstarke Selbstdarstellung betreiben und beleidigende Respektlosigkeit an den Tag legen, weckt das in ihm oft ein starkes Verlangen, sich den Betreffenden zu unterwerfen.

Dem negativen Macher begegnen wir somit auch häufig in der Rolle des „Täters". Und dieser ist, auch wenn das manche vorschnell annehmen mögen, eben nicht das „Gegenteil des Opfers". Die beiden sind nur zwei Seiten derselben Medaille, keine Gegensätze. *Täter*, Menschen, die anderen etwas antun, sie runtermachen, sie schikanieren, sie bedrängen oder ihnen Gewalt zufügen, sind (bis auf verschwindend wenige Ausnahmen) immer selbst auch Opfer. Sie geben das Leid, das ihnen zugefügt wurde, an andere, die sie für zu schwach halten, sich zu wehren, weiter.

Das Macher-Opfer-Kreuz

»Wer ein Problem definiert, hat es schon halb gelöst.«
Julian Huxley

Anhand dessen, was wir zum Ego festgehalten haben, wollen wir die Begriffe Opfer und Macher nun etwas weiter aufschlüsseln und von jetzt an vier Typen unterscheiden, als da wären:

Der positive Macher: Der Macher, wie wir ihn im weiteren Verlauf des Buches verstanden wissen wollen. Er vereinigt in sich ein starkes Selbstwertgefühl, ZUPA und die Fähigkeit, sein Ego zurückzustellen.

Der negative Macher: Der Typus, der zwar mitunter viel „schafft", dabei aber niemals Erfüllung und Zufriedenheit erreicht, da er durch ehrgeizige „Aktivität" der Bearbeitung seiner innerpersönlichen Problematiken auszuweichen trachtet. Er müht sich (vergeblich!) ab, ein tief empfundenes Defizit durch „für andere sichtbare Erfolge" auszugleichen.

Opfer-Typus I (Der Mitläufer): Er ist der klassische Opfer-Typus. Konstituierend für ihn ist ein Mangel an Selbstwertgefühl und ZUPA, das Verbleiben in kindlichen Mustern und die Ablehnung von Verantwortung für die eigene Situation. Sein Ego ist unterdrückt.

Opfer-Typus II (Das Irrlicht): Dieser Typus kombiniert das niedrige Selbstwertgefühl und die chronische Inaktivität des Mitläufers sowie dessen Ablehnung von Verantwortung für sich selbst mit extremer Ego-Fixierung und massivem Geltungsdrang. Er reiht auf der Suche nach irgendeiner Art von Halt wild Verzweiflungstaten aneinander.

Macher-Opfer-Kreuz

ZUPA

(zielgerichtete, unermüdliche Pro-Aktivität)

Positiver Macher

Negativer Macher

Pro-aktiv; energiegeladen; mitreißend; mit sich selbst im Reinen; professionell; planvoll; arbeitet konzentriert, aber unverkrampft, unermüdlich auf wohlüberlegte, eigene Ziele hin; entwickelt sich stetig weiter; lernt; fähig zur Teamarbeit; gibt anderen Wert

Extrem auf Außenwirkung und Anerkennung fixiert; komplexbeladen; verkrampft; fixiert darauf, über anderen zu stehen und jmd. etwas zu beweisen. In schweren Fällen: ehrgeizzerfressen; verbissen; selbstbezogen; Ellbogen-Mentalität; unfähig zu echter Teamarbeit; Workaholic.

Ego-Freiheit, Anpassungs- und Team-fähigkeit

Ego-Fi-xierung

Opfer-Typus I:

Mitläufer

Opfer-Typus II:

Irrlicht

Passiv; angepasst; gehemmt; sozial integriert; ohne echte eigene Ziele; angstgesteuert; lustprinzipabhängig; lehnt Verantwortung ab; lebt in Rechtfertigungen, Beschwerden, Vorwürfen und Selbstmitleid; abhängig von Moden und Trends; sucht Masse zum Untertauchen und „Gurus", um sich ihnen zu unterwerfen

Verzweifelt; ohne Halt; verloren; auf der Flucht; nicht greifbar, blind für Gefühle anderer (trotz ausgeprägten Selbstmitleids); fällt von einem Extrem ins andere; sozial auffällig; psychisch labil; anfällig für Zusammenbrüche; hochmanipulativ; toxisch für seine Umwelt

Orientierungs-losigkeit, Trägheit, Hindernis-Empfindlichkeit

KAPITEL 5

DIE 5 WINNER BASICS

»Erfolg ist, das zu tun, was du tun willst, wann du willst, wo du willst, mit wem du willst und so viel du willst.«

Tony Robbins

So unterschiedlich die verschiedenen Persönlichkeitstypen, so unterschiedlich auch ihre Vorstellung von dem, was „erfolgreiche" Menschen gemeinsam haben.

Fragt man den Opfer-Typus, so nennt er für gewöhnlich Dinge, die außerhalb seines Einflussbereiches liegen, z. B. „günstige familiäre Voraussetzungen" (etwa wohlhabende Eltern), „Glück" oder „besonderes Talent". Was es auch ist, er wird bei seiner Antwort das Hauptaugenmerk darauf legen, selbst auf gar keinen Fall in die Bredouille zu geraten und sich vielleicht für seinen ausgebliebenen (oder zukünftig ausbleibenden) Erfolg rechtfertigen zu müssen. Er hat, so will er anderen und sich selbst weismachen, halt einfach „Pech" gehabt – er kann also weder etwas dafür, noch etwas daran ändern.

Dieses Konstrukt gerät bei gründlicher Prüfung selbstverständlich schnell ins Wanken. Es braucht nicht lange, um zu erkennen: Weder die Zugehörigkeit zu einer bestimmten sozialen Schicht noch besonderes Talent noch Glück noch reiche Eltern *garantieren* Erfolg. (Das soll keine Aussage darüber treffen, ob diese Faktoren ein gewisses Maß an *Einfluss* haben können oder nicht.) Fest steht aber: Es lassen sich massenhaft Beispiele für erfolgreiche Menschen finden, die nichts davon mitbrachten. Und ebenso gibt es massenhaft Beispiele für solche, die trotz einer Herkunft aus „gutem Hause", nachweisbarer Begabung, glücklicher Fügungen und großzügiger finanzieller Unterstützung auf allen Ebenen scheiterten.

Anders als das Opfer würdigt der negative Macher sehr wohl die eigene Leistung als zentralen Faktor des Erfolgreichseins. Er erkennt richtigerweise an, dass er die Verantwortung dafür trägt, was er aus seinen Voraussetzungen macht. Sein Fehler liegt nahezu immer auf einer anderen Ebene: Er reduziert „Erfolg" auf den Erwerb gesellschaftlichen Prestiges, welches er an Besitztümern, Titeln, Posten, Prominenz und Geld misst.

Es sollte klar sein, dass diese Sicht viel zu kurz greift. Schauen wir zur Verdeutlichung auf den „King of Pop", Michael Jackson: War er erfolgreich? Was Reichtum und öffentliche Anerkennung angeht, sicherlich, das zeigt uns ein kurzer Blick auf Verkaufsrekorde, Chartplatzierungen, Besitztümer und Preise. Aber wie sah es in seinem Privatleben aus, in seinen zwischenmenschlichen Beziehungen, mit seiner Gesundheit? Ich bezweifle, dass du, lieber Leser, liebe Leserin, gerne mit ihm getauscht hättest.

Wenn wir uns daher fragen, was „erfolgreiche" Menschen im Sinne eines positiven Machers eint, so meinen wir damit diejenigen, die ein ganzheitlich erfüllendes, inspirierendes, glückliches und aufregendes Leben führen. Menschen, die du voller Dankbarkeit und tiefer Überzeugung von sich sagen hörst: „Ich lebe meinen Traum!"

Was das für den Einzelnen bedeutet, kann jeder nur für sich selbst beantworten. Du liebst Kinder und findest deine Erfüllung darin, sie zu starken Persönlichkeiten zu formen? Du bist ein begeisterter Sportler, der in seinem Sport aufgeht? Du bist Unternehmer und willst die Welt verändern? Nur zu: Was „Erfolg" für dich heißt, kannst nur du wissen.

Aber ganz egal, *wie* deine Träume aussehen, der Weg zu ihnen führt über die Schaffung einiger unverzichtbarer Grundlagen: Diese habe ich in den nächsten Kapiteln in Form der **5 WInner Basics** zusammengefasst.

KAPITEL 6

WINNER BASIC NR. 1: ENTSCHLOSSENHEIT – NIMM DEIN SCHICKSAL IN BEIDE HÄNDE

*»Männer, jetzt geht ihr raus, fresst Gras und
beißt in die Pfosten.«*

Udo Lattek

Gibt es für dich, lieber Leser, liebe Leserin, gewisse Dinge, die du ganz gerne erreichen würdest? Ziele, die du verwirklichen solltest und die du echt mal angehen könntest?

Bevor du weiterliest, denk einmal kurz (30 Sekunden reichen) über eines davon nach, das dir spontan in den Sinn kommt. 30 Sekunden – ab jetzt.

Fertig? Lass mich raten: Es hat nicht allzu gut funktioniert. Auch wenn du nicht einfach weitergelesen hast (wovon ich mal gutgläubig ausgehe), ist es dir vermutlich schwergefallen, ein detailliertes Bild vor dein geistiges Auge zu projizieren, und du hast nach wenigen Sekunden des halbherzigen Versuchens aufgegeben. (*„Ja, ja, ich sollte ein paar Kilo abnehmen"*, *„Ich müsste mich wirklich mal um diese Geschäftsidee kümmern, die mir vor ein paar Monaten eingefallen ist."*)

Wenn es dir nicht gelungen ist, ist das kein Zufall: Die Fragestellung höchstselbst hat dafür gesorgt. Entfernte Wünsche und Träume, Dinge, die wir *ganz gerne* verwirklichen würden, die wir unserer Ansicht nach angehen *könnten* oder *sollten*, sind nicht mitreißend genug, um uns für sie brennen zu lassen. Deswegen ist es wahrscheinlich auch so, dass dich das Ziel, an das du während der Übung gedacht hast (sollte dir überhaupt eins eingefallen sein), schon länger, vielleicht sogar viele Jahre, begleitet, ohne dass du ihm jemals wirklich nähergekommen bist.

Solange du in deinem inneren Dialog davon sprichst, dass du etwas in deinem Leben verändern *könntest* oder *solltest*, wird dieses Etwas NIEMALS Realität.

Ganz anders sieht es aus, wenn du das Gefühl hast, dass du etwas verändern *musst*. Überprüfe das: Denk nun 30 Sekunden an ein Ziel, dessen Erreichung für dich in der Vergangenheit ein alternativloses *Muss* dargestellt hat – du hast wieder 30 Sekunden. Los geht's.

Und, hast du einen Unterschied bemerkt? Ich nehme stark an, dass die Bilder, die dir in den Sinn kamen, um ein Vielfaches klarer, kräftiger und lebendiger waren. Und wenn du an das mit ihnen verbundene Ziel zurückdenkst, wird dir klar werden, dass du es entweder erreicht oder beim Versuch, es zu erreichen, zumindest eine Lektion fürs Leben gelernt hast.

Wenn du dich einem klaren, terminierten Ziel mit Haut und Haaren verschreibst, dann gibt es nur zwei Möglichkeiten: Entweder du hast Erfolg oder du machst eine wertvolle Erfahrung. Du gewinnst immer.

(Es sei denn, du begibst dich dafür in Lebensgefahr oder riskierst bleibende Schäden.)

Ich könnte ... Ich sollte ... Ich muss!

Die rigorose Übernahme der Verantwortung für dein Schicksal und die grimmige Entschlossenheit, etwas einschneidend verändern zu MÜSSEN, ist unerlässlich für jede wirkliche Verbesserung in deinem Leben. Niemand anders kann sie für dich entwickeln.

Wenn du nicht bereit bist, die Verantwortung für dein Schicksal in deine eigenen Hände zu nehmen, ist dir nicht zu helfen.

Daraus ergibt sich: Du kannst auch andere nicht dazu bringen, ihr Leben von Grund auf zu verändern, wenn sie die Entschlossenheit dazu nicht selbst beisteuern. Es sei angemerkt: Der Eindruck, den der Opfer-Typus für das ungeübte Auge auf den ersten Blick erweckt, ist oft vollkommen irreführend. Er ist ein wahrer Meister der Schauspielerei und (Selbst-)Täuschung. Doch alle vorgeblichen Anstrengungen, an seiner Situation etwas ändern zu wollen, sind, wie bereits erwähnt, nichts als Laientheater. Sobald es ernst wird, hat er „grade zu viel zu tun", lässt sich Hintertüren offen, bricht Therapien und Coachings ab usw.; stetig begleitet von ausgeklügelten Entschuldigungen und Rechtfertigungen.

Das ist auch der Hauptgrund dafür, dass ein so großer Anteil all jener, die vorgeben, sich weiterentwickeln zu wollen, nur minimale oder gar keine Fortschritte macht. Ein eingefleischtes Opfer aus der Misere befreien zu wollen, die es kontinuierlich selbst verursacht, bedeutet, mit der Peitsche auf ein totes Pferd einzuprügeln.

Hüte dich jedoch davor, deinen Freundes- und Bekanntenkreis jetzt nach „Opfer-Typen" abzusuchen, um auf sie herabzublicken. Das ist selbst eine untrügliche Opfer-Verhaltensweise. Der Macher geht stattdessen in die Introspektive und fragt sich:

- *Wo habe ich das getan?*
- *Welche Dinge habe ich nicht durchgezogen?*
- *Was habe ich nie verändert, obwohl es bitter nötig gewesen wäre?*

Doch was sollst du tun, wenn du das Gefühl hast, dass deine Entschlossenheit, dein Leben selbst in die Hand zu nehmen, einfach nicht groß genug ist?

Als kurze Antwort vorweg: Du erzeugst sie. Dafür brauchst du zwei Dinge:

1. ein klares, stets präsentes großes Ziel
2. die rigorose Übernahme der vollen Verantwortung für alle Aspekte deines Schicksals

Beide Punkte sind wiederum untrügliche Anzeichen für eine Macher-Persönlichkeit.

„Beweg dich, du fette Sau!"

Wie schon erwähnt, steht für viele Menschen am Anfang einer wirklichen Wandlung ein „Erweckungserlebnis" (z. B. eine Kränkung, ein Verlust oder ein niederschmetternder Misserfolg), das sie den Entschluss fassen lässt, etwas verändern zu *müssen*.

Ein im Vergleich zu anderen Erweckungserlebnissen harmloses, aber sehr anschauliches Beispiel ist mir immer noch aus meiner Zeit als junger Amateur-Fußballer im Gedächtnis. Damals hatte ich gerade eine neue Freundin kennengelernt, die unter anderem eine sehr gute Köchin war und mich in bisher ungekanntem Ausmaß rund um die Uhr mit meinen erklärten Lieblingsspeisen versorgte. Innerhalb weniger Wochen nahm ich so nahezu unbemerkt satte zwölf Kilo zu. Die Auswirkungen auf meine sportlichen Leistungen waren gravierend. Ich erkannte zwischen dem einen und dem anderen keinen Zusammenhang, doch dann hörte ich eines Tages während des Trainings einen Satz, der mich nachhaltig aus der Lethargie riss: „Beweg dich, du fette Sau!" Eine solche Äußerung war unter uns Fußballern äußerst unüblich – mich aber rüttelte sie daher umso härter wach.

Die folgenden zweieinhalb Monate studierte ich den Kaloriengehalt verschiedener Lebensmittel und veränderte meine Essgewohnheiten. Ich reduzierte meine Mahlzeiten um deutlich mehr als die Hälfte und hielt das so lange durch, bis ich mein altes Gewicht wieder erreicht hatte. (Bis heute erinnere ich mich an den paradiesischen Geschmack des einzelnen Raffaellos, das ich mir alle drei Tage als Belohnung auf der Zunge zergehen ließ.) Nach Erreichen meines Ziels stellte ich Kleinigkeiten in meiner Ernährung dauerhaft um, ohne dass ich wirklich etwas vermisste (außer Chips). Bis heute ist es mir seitdem leichtgefallen, mein Gewicht zu steuern.

Leidensdruck – wenn das Leid dich zum Handeln zwingt

Starker Leidensdruck ist der gemeinsame Nenner, der uns alle dazu bringt, tiefgreifende Änderungen vorzunehmen. Beim Opfer-Typus ist dieser Wandel allerdings meist nur von kurzer Dauer. Reißt ihn etwa eine Trennung aus der Bahn, so stürzt er sich daraufhin oft auf einmal wild entschlossen ins „Dating". Das hält für gewöhnlich so lange an, bis er ein neues „erträgliches" Gegenüber gefunden hat, mit dem er baldmöglichst sein altes Muster wieder abspulen kann.

> **Eine Erweckungserfahrung hilft dir nichts, wenn du die dadurch freigesetzte Anfangsenergie nicht als Sprungbrett nutzt, um große und nachhaltige Veränderungen anzustoßen.**

Ohne echten Leidensdruck ist es umso schwerer, dich aufzuraffen und etwas einschneidend zu verändern. Du brauchst, wie oben angeführt, dazu eine fest in dich eingeschriebene, begeisternde Lebensaufgabe, einen lebendigen Traum und einen Weg dorthin, der klar vor dir liegt. Nur das schenkt dir die nötige Hebelwirkung, die du brauchst, um dem Hamsterrad zu entfliehen.

Es gibt nichts geschenkt

Die Welt ist voll von Hoffenden, die auf den glücklichen Zufall setzen, dass irgendwann von selbst etwas passiert. Sie warten bis in alle Ewigkeit darauf, Glück zu haben, „auserwählt" oder „entdeckt" zu werden. Auf ihre Bezugsgruppe fixiert, denken sie, es würde reichen, wenn sie innerhalb dieser überdurchschnittlich qualifiziert seien. Damit haben sie eine klitzekleine theoretische Chance auf Erfolg, doch Realität wird dieser nur für absolute Ausnahme-Glückspilze. Und nein, du wirst *nicht* zu diesen 0,01 Prozent gehören! Also kurz und knapp: Je aktiver du wirst, desto besser. Warte niemals darauf, dass jemand deine innere Großartigkeit erkennt und auf dich zukommt.

Begreife, dass du selbst handeln musst, wenn du Ergebnisse willst, und setze dich hinweg über all die inneren und äußeren Kräfte, die dich klein und schwach halten und dir einreden wollen, du solltest dich mit ein paar kargen Krümelchen zufriedengeben.

Übernimm die gesamte Verantwortung für das Erreichen deiner Ziele. Halte dir vor Augen, dass niemand deinen Weg für dich gehen kann, dass dir nichts zufallen wird und dass du das ganz allein tun musst.

KAPITEL 7

WINNER BASIC NR. 2: DER INNERE GUTE COACH – LIEBE DICH UND PUSH DICH

»Groll mit uns herumtragen ist wie das Greifen nach einem glühenden Stück Kohle in der Absicht, es nach jemandem zu werfen. Man verbrennt sich nur selbst dabei.«

Siddhartha Gautama (Buddha)

Wie gehst du mit dir um, wenn dir etwas nicht gelungen ist? Wenn du gescheitert bist, etwas versäumt, eine Chance verpasst oder einen Kampf verloren hast? Faltest du dich hin und wieder als „Verlierer", „Idioten" oder „elenden Versager" zusammen?

Wenn ja, dann sehen wir zunächst einmal das Gute: Das bedeutet meist auch, dass du dich Herausforderungen mit Leidenschaft stellst und es schaffst, dich der Möglichkeit eines Scheiterns überhaupt auszusetzen. Das heißt, du verschreibst dich einer Sache und gibst dein Bestes – während sich andere ängstlich zu Hause in ihren Safe Space verkriechen und ihren Joystick streicheln. (Okay, auch Computermonitore lassen sich anschreien, vielleicht wolltest du nur *Unreal Tournament* spielen.)

Auf lange Sicht musst du jedoch realisieren, dass Selbstzerfleischung nicht dein bevorzugter Umgang mit Rückschlägen bleiben darf. Prügelst du ständig wie ein strenger Vater unbarmherzig auf dich ein, sobald etwas schiefgeht, setzt du dich einem hohen Risiko aus, dich selbst zu blockieren, zu verkrampfen und schließlich zu resignieren. Bedenke: Du willst und musst *dauerhaft* positiv und produktiv mit dir zusammenarbeiten.

Akzeptiere deine Fehler und deine Gedankenwelt

Es ist daher wichtig, dass du all deine inneren Anteile

akzeptierst. Verdränge, verleugne oder verachte sie nicht. Das heißt keineswegs, dass du dich mit einzelnen von ihnen *identifizieren* oder gar unkontrolliert tun sollst, was sie dir gerade eingeben. Deine Gedanken, Gefühle und Gelüste, so „moralisch verwerflich" sie auch sein mögen, gehören zu dir – ihr zeitweises Auftauchen ist menschlich und natürlich. (Die Betonung liegt auf „zeitweise", also hin und wieder. Wenn du von bedenklichen Phantasien *besessen* bist und diese dein Leben prägen, solltest du dir professionelle Hilfe suchen.) Für dich sind diese Gedanken nicht selten Hinweisschilder, die dich auf Bereiche aufmerksam machen, in denen du mit dir selbst unzufrieden bist. Folge ihnen in das Zentrum des inneren Konflikts, der von dir bereinigt werden will, ohne in Schuldkomplexe zu verfallen.

Statt dich innerlich zu zensieren, richte deine Aufmerksamkeit lieber auf die positiven, dankbaren und liebevollen Gedanken, die du ebenso in dir findest. Komme mit dir ins Reine und gestehe dir Fehler zu. Auf dieser Basis kannst du mit dir selbst wie ein liebevoller, enthusiastischer Coach oder eine positive Vaterfigur umgehen – einerseits einfühlsam, verzeihend und verständnisvoll, andererseits unermüdlich pushend. Sei jemand, der dich annimmt, wie du bist – mit all deinen Stärken und Schwächen, Fähigkeiten und Unzulänglichkeiten. Sei jemand, der dich ganzheitlich bejaht und mit klarem Ziel und Engagement in die richtige Richtung weisend das Beste für dich will. Und sei jemand, der dich mit Begeisterung anspornt, dich weiterzuentwickeln und dazuzulernen.

Sei dir selbst ein treuer, engagierter Freund, der Missstände klar ansprechen kann, aber trotzdem niemals von deiner Seite weicht.

Mach dir und anderen keine Vorwürfe

Streiche Vorwürfe und Verächtlichkeit also nach und nach aus deinem Umgang mit dir selbst. Aber: Sind derartige Emotionen da, dann zensiere sie nicht, sondern bau sie sozialverträglich ab. Such dir ein geeignetes Ventil und verschaff dir Luft. (Verprügle von mir aus einen imaginären Gegner beim Schattenboxen oder fluche wie ein Kesselflicker.) Aber nur, um dir danach wieder aufgeräumt positiv und nicht nachtragend gegenüberzutreten. Nutze deine „negativen" Emotionen als Antriebsenergie, eine dauerhafte Verpflichtung zur Veränderung einzugehen. Sie sind Änderungssignale und zeigen dir, wo du aktiv und mit voller Kraft einschreiten musst, bis du das Problem umfassend aufgelöst hast. Söhne dich mit dir selbst aus und führe dein „Inner Team" zusammen, die unterschiedlichen Bestandteile deiner Persönlichkeit, die alle ihre eigenen Ziele und Wünsche mitbringen.

Außerdem ist es unbedingt notwendig, mit deinen Eltern (bzw. deren Ersatzfiguren) inneren Frieden zu schließen. Löse dich von allen Schuldzuweisungen und Vorwürfen, halte nicht an Groll ihnen gegenüber fest und sei dankbar für das, was sie dir gegeben haben, auch dann, wenn sie sich große Verfehlungen geleistet haben. Wenn du ihnen verzeihst, was sie falsch gemacht haben, tust du das für *dich!* Denn nur so löst du die inneren Fesseln, die dich an die Vergangenheit ketten, und befreist dich selbst. Es ist fatal, in ewiger Schuldzuweisung dahinzudämmern.

Wer an irgendetwas „schuld" ist oder war, ist egal!

Lebe im Hier und Jetzt. Quäle weder dich noch andere mit Vorwürfen, sondern schau nach vorne und übernimm die Verantwortung für deine Zukunft.

Achte darauf, wie du mit dir sprichst

Ein weiterer Punkt in diesem Zusammenhang ist der unbedingte Verzicht auf jedwede negative Selbstattribuierung. (*„Ich bin ein faules Stück!"*, *„Wir sind nun mal keine Siegertypen!"*) Denn bezeichnest du dich als Verlierer, *wirst* du zum Verlierer. Hör auf, dich in irgendeiner Form kleinzumachen oder dich „im Spaß" (das ist nur Tarnung!) schlechtzureden. Verzichte konsequent auf ungute, insbesondere verallgemeinernde Urteile über dich, in denen du dir vorschnell attestierst, etwas nicht zu sein oder zu können. Diese Opfer-Verhaltensweise ist nichts anderes als ein von Selbstwertschutz und Ego (den kränkungsempfänglichen Wächtern deines Ideal-Selbst) initiiertes Aufgeben, mit dem sie dich dem Druck des Wettkampfs entziehen wollen. Der Preis dafür ist hoch, denn damit wird in dir ein Selbstkonzept als Verlierer zementiert und dieses wird dann, befeuert durch das menschliche Konsistenzstreben (den Drang, uns immer passend zu unserem Selbstbild zu verhalten), zur Selffulfilling Prophecy. Aus dem Volksmund kennen wir den Satz „Wer kämpft, kann verlieren. Wer nicht kämpft, hat schon verloren." Und genau so ist es.

Du magst an dieser Stelle vielleicht einwerfen, dass es doch auch Menschen gibt, die eindeutig nicht uneingeschränkt mit sich selbst in innerem Frieden leben und trotzdem große Erfolge vorzuweisen haben, etwa Fußball-Rekordnationalspieler Lothar Matthäus. Er kam nach eigener Aussage so weit, weil er immer das Gefühl hatte, sich beweisen zu müssen.

Hier ist zweierlei zu beachten. Zunächst: Ja, es stimmt, in Bereichen, in denen persönlicher Erfolg mit gesellschaftlichem Prestige verbunden ist, kann dich Motivation aus dem Ego durchaus weit bringen. Die Kehrseite ist jedoch klar zu sehen: Viele von ihrem Ego gelenkte, erfolgreich scheinende Menschen (negative Macher) erfahren trotz ihrer Errungenschaften keine innere Zufriedenheit und Erfüllung. Deswegen sind die Suchtkliniken und Friedhöfe Hollywoods auch voll von bewunderten Stars, die scheinbar alles hatten, was man sich nur wünschen kann. Du kannst dein Ego und seine Bedürfnisse also in einigen Fällen vor deinen Karren spannen, aber Vorsicht: Du musst trotzdem die Zügel in der Hand behalten!

KAPITEL 8

WINNER BASIC NR. 3: MOMENTE DER KLARHEIT – RESERVIER DIR ZEIT FÜR DICH

»Der Weg zu allem Großen führt durch die Stille.«
Paul Keller

Wir wollen die Vielfalt deiner Bewusstseinszustände zur Verdeutlichung des Folgenden auf drei grundlegende herunterbrechen:

1. **Phasen der Beanspruchung**
2. **Phasen der Entspannung**
3. **Momente der Klarheit**

In *Phasen der Beanspruchung* bist du mental gefordert. Du musst Dinge entscheiden, mit Menschen interagieren, Sinneseindrücke verarbeiten und auswerten, dein Verhalten kontrollieren, deine Außenwirkung beachten usw. Mit diesen Phasen sind Begriffe wie Stress, Arbeit, Druck und Belastung verbunden. Aber auch solche wie Herausforderung, Abenteuer und Aufregung.

Anders hingegen verhält es sich in *Phasen der Entspannung*. Sie sind die Oasen der inneren Ruhe, in denen du geistig nicht gefordert wirst, Phasen, in denen du frei von mentalem Ballast bist, der dir Energie raubt. In diesen Phasen kannst du abschalten und Kraft sammeln.

Sie bieten dir aber auch die Gelegenheit, sie zu *Momenten der Klarheit* zu machen – einer Zeit, in der du dich konzentriert mit deinem Leben als Ganzem und deinen großen Zielen auseinandersetzt. In deinen Momenten der Klarheit beleuchtest du deine Gesamtsituation, planst umfassend und überlegst dir tragfähige Lösungen. Dein Verstand kann mit ganzer Kraft an dem arbeiten, was wirkliche Bedeutung für dich hat.

> **Je besser du deine Momente der Klarheit nutzt, desto mehr treten für dich die negativen Assoziationen des Begriffs „Beanspruchung" (wie Angst, Stress und Druck) in den Hintergrund und desto mehr verknüpfst du ihn mit den positiven: Aufregung, Abenteuer, Herausforderung.**

Du *freust* dich mehr und mehr darauf, gefordert zu werden, statt dies ängstlich als Belastung und Gefahr anzusehen. Statt dich gebeugt auf den Weg zum Schafott zu machen, springst du freudig mit gezückten Waffen in die Schlacht und stürzt dich ins Getümmel.

Auf ewig im Schützengraben – ein Leben unter Dauerbeschuss

Leider sind schon die *Phasen der Entspannung* bei vielen Menschen rar gesät. Sie sind permanent stresserzeugenden Reizen ausgesetzt. Verpflichtungen, Termine, Entscheidungszwänge, Ängste oder übermächtige Gelüste stören und verhindern jedes Zur-Ruhe-Kommen und damit auch eventuelle Momente der Klarheit.

Andere sind von als belastend empfundenen Sorgen wiederum so geplagt, dass sie durchgängig unter Spannung stehen. (Diese Ausgangslage ist typisch für Opfer-Persönlichkeiten.) Bei ihnen treten die Phasen der Beanspruchung schneller ein bzw. hören niemals wirklich auf und bestehen dauerhaft. Sie fühlen sich ständig unter Druck, unfrei und gezwungen zu funktionieren. Sie haben den Drang zu flüchten, dem sie in den wenigen Entspannungsphasen durch Betäubung nachgeben.

Ungestörte Phasen der Entspannung sind nicht automatisch Momente der Klarheit

Viele Menschen erleben (oder besser: erschaffen) Momente der Klarheit aber auch dann nicht, wenn sie genügend Phasen der Entspannung zur Verfügung hätten. Sie beschränken sich in diesen darauf, „runterzukommen" oder „den Akku wieder aufzuladen".

Einige verschwenden ihre Phasen der Entspannung – potenzielle Momente der Klarheit – mit dem Schwelgen in Vergangenem (Hinterhertrauern, Vorwürfe an sich selbst und andere, Selbstmitleid) oder dem Ausmalen zukünftiger Horrorszenarien, vom Atomkrieg bis zum Angriff der Klonsaurier.

Von einigen werden Momente der Klarheit auch mit einer starken Bedrohung assoziiert und unbewusst auf Teufel komm raus so konsequent wie möglich gemieden. Sie fürchten, beim In-sich-Gehen auf etwas zutiefst Verstörendes – oft belastende Traumata – zu stoßen. Deswegen fliehen sie in sofortige Zerstreuung, sobald ein ruhiger Moment auftaucht, und sorgen für Ablenkung und Berieselung. (*Die Schwippschwägerin von Prinz Harrys Putzfrau trägt entgegen der Etikette Blau – unglaublich!*", „*Haha! Dieser Volltrottel ist vom Gartentrampolin gefallen – verrückt!*") Wie viele Menschen befassen sich stundenlang mit pseudowichtigen News und nichtigen Alltäglichkeiten aus dem Leben bedeutungsloser „Promis", bevor sie sich auch nur 30 Minuten am Stück ihrem eigenen Leben und dessen ganzheitlicher Entwicklung widmen?

Wie ist deine Bilanz?

Viele Kräfte (Interessengruppen aller Art, politische Parteien, Religionen, Unternehmen und die von ihnen beeinflussten Medien) fördern diese Fehlentwicklung und füttern dich mit niemals enden wollenden Nichtigkeiten, die deinen Fokus zerstreuen. Kein Wunder: Sie profitieren schließlich direkt davon, dass du ein unkritischer Mitläufer und begieriger Abnehmer überflüssiger Konsumgüter bleibst – ein getreuer Knecht, der nach Belieben zu ihrem Vorteil gesteuert werden kann. Es braucht also deinen eigenen Willen, den dir servierten Einheitsbrei samt Schüssel vom Tisch zu wischen. Momente der Klarheit bieten dir die Möglichkeit, den Ablenkungen zu entfliehen, dich vom Mainstream abzustöpseln und dich von dessen Denkverboten nicht mehr limitieren zu lassen. Damit vollziehst du einen bedeutenden Schritt, den nur wenige mit dir gehen. In deinen Momenten der Klarheit steigst du aus dem Gewimmel und Getümmel des Alltags empor und betrachtest dich ganzheitlich von oben. Sie sorgen dafür, dass du deine Ziele und ihre Wichtigkeit immer wieder in den Fokus stellst, und bieten dir die Ruhe, die du benötigst, um deinen Weg zu entwerfen, ihn regelmäßig zu überprüfen und, falls nötig, anzupassen.

Momente der Klarheit stellen die großen Weichen in deinem Leben

Ein Mangel an Momenten der Klarheit hat verheerende Folgen – wie willst du ohne sie jemals einen Überblick über das große Ganze bekommen? Wie willst du jemals einen klaren Gedanken fassen, der nicht sofort wieder unter einem Schwall von Ablenkungen begraben wird?

Tätowiere es dir auf die Innenseite deiner Augenlider: Die Festlegung von Phasen, in denen du Abstand gewinnen und in Ruhe nachdenken kannst, ist absolut entscheidend!

Sorge unbedingt dafür, dass du genug Phasen der Entspannung in deinem Leben hast und dass du einen Großteil von ihnen *produktiv nutzt*, indem du sie zu Momenten der Klarheit machst.

Bleibe keinen Tag länger Sklave eines hektischen Alltags, dessen niemals endende Dringlichkeiten dich auffressen. Schaffe dir umfassende Räume, in denen du innehältst, um die Führung über dein Leben zu übernehmen und dich zu fragen:

- *An welchen Stellschrauben muss ich bei der Gesamtgestaltung meines Daseins drehen?*
- *Welche regelmäßigen Tätigkeiten bringen mich meinem Ziel näher?*
- *Welche individuellen positiven Angewohnheiten will ich mir aneignen?*

In deinen Momenten der Klarheit programmierst du auch deinen Autopiloten, also das „Programm, auf dem du läufst". Du überprüfst seine Konfigurationen, passt es besonderen Gegebenheiten an oder verfeinerst es. Wenn beispielsweise immer wieder auf wundersame Weise eine Partybox *Super Dickmann's* in deinem Einkaufswagen landet, ist es dir in einem Moment der Klarheit möglich, dir dies ins Bewusstsein zu rufen und das Muster zu durchbrechen.

Außerdem rüstest du dich in Momenten der Klarheit für die Phasen der Beanspruchung und bist so in der Lage, dem Sturm souverän und mit dem sicheren Gefühl, für alle Eventualitäten gewappnet zu sein, zu trotzen. Du begegnest deinem Leben nicht mehr wie ein Kirmesboxer, der plötzlich zu einem unberechenbaren, übermächtigen Gegner in den Ring geschubst wird, sondern trittst ihm gegenüber wie ein austrainierter Vollprofi, der seinen Kontrahenten genau durchschaut hat und all seine Schwachstellen kennt.

Unter diesen Voraussetzungen werden Phasen der Beanspruchung, in denen du gefordert wirst und schnelle Entscheidungen treffen musst, zu Phasen des Fließens, des *Flow*: Du kannst dich in ihnen wohlfühlen und in ihnen aufgehen. Und was dir einst mühselig vorkam, läuft auf einmal wie von selbst.

Regelmäßige Momente der Klarheit sind für alle wirklichen, positiven Veränderungen essenziell: In ihnen triffst du große Entscheidungen, teilst deine Zeit ein, ergreifst tragfähige Maßnahmen und leitest nachhaltige Veränderungen ein.

KAPITEL 9

WINNER BASIC NR. 4: ANLEITUNG UND INSPIRATION – VERGIB DEINEN SCHULDIGERN UND SUCH DIR HILFE

»In der Wahl seiner Eltern kann man nicht vorsichtig genug sein.«

Paul Watzlawick

Es ist illusorisch zu glauben, ohne Starthilfe aus dem Nichts von einem unmündigen Zauderer zu einem vor ZUPA strotzenden Macher werden zu können. Du brauchst jemanden, der dir hilft, dir einen Weg vorzeigt und dich inspiriert. Achtung: Dies ist kein Widerspruch zu dem, was wir unter dem Punkt „Entschlossenheit" festgehalten haben. Die volle Verantwortung für dein Schicksal zu übernehmen, heißt *nicht*, dich überall wie Rambo im Dschungel alles um dich herum niedermähend als Einzelkämpfer durchschlagen zu müssen. Es bedeutet vielmehr, dir proaktiv dort, wo du sie brauchst, Hilfe zu suchen. Denn:

Dass du Unterstützung benötigst, heißt keinesfalls, dass du dich damit abfinden musst oder darfst, wenn sie dir nicht von selbst zufliegt. Ganz im Gegenteil!

Es ist gut möglich, dass du in deiner Vergangenheit nicht die Anleitung oder Inspiration erfahren hast, die wünschenswert gewesen wäre. Vielleicht fehlte es dir an positiven Figuren, die dich ausreichend unterstützt und gestärkt haben. (Viele Eltern fördern durch ihre Erziehung viel eher das innere Opfer, indem sie angepasstes, gehemmtes Verhalten belohnen und Individualität und Eigenständigkeit bestrafen.)

Sei dir auf jeden Fall einer Sache gewiss: Solltest du davon betroffen sein, geht es dir wie Abermillionen Leidensgenossen. Trauere dem Verpassten nicht hinterher, denn es ist, wie bereits gesagt, von elementarer Wichtigkeit, allen Groll gegenüber denjenigen, die du dafür verantwortlich machst (wahrscheinlich deine Eltern), loszulassen. Bemühe dich stattdessen aktiv um neue positive Einflüsse und suche dir mit vollem Einsatz *selbst* die Führungs- und Leitfiguren, die du in deinem Leben haben möchtest. (Die technische Seite, also *wie* du es schaffst, diese Menschen in deinen Alltag zu integrieren, beleuchten wir im 4. Teil „ *9 Wege zum Erfolg*“.) Freunde dich mit ihnen an, buche sie oder arbeite wie auch immer mit ihnen zusammen – Hauptsache, du hilfst dir selbst, so gut du kannst. Ein direkt begehbarer Weg, der jedem offensteht, um neue positive Einflüsse, Anleitung und aufschlussreiche Perspektiven kennenzulernen, sind Bücher.

Neben diesen generellen Überlegungen steht noch ein anderer, sehr pragmatischer, Grund, warum du Anleitung dringend benötigst: Sie bildet das notwendige Gegenstück zu deiner ZUPA.

Handle nicht auf eigene Faust, sondern lass dich von Experten leiten

Mit 17 – ich spielte damals seit vielen Jahren in der Jugend eines bekannten Bundesligavereins Fußball –

entschloss ich mich, mehr Oberkörpermuskulatur aufzubauen, um körperlich robuster zu werden. Zu diesem Zweck entwickelte ich den Plan, jeden Tag Liegestütze zu machen, 15 am ersten Tag, und danach jeden Tag eine mehr.

Zeitsprung. Mit 20 – inzwischen spielte ich nach einem Vereinswechsel in der Oberliga (damals die vierthöchste Spielklasse) – beschloss ich nach der Sommerpause, zu Beginn der neuen Saison meine fußballerischen Ambitionen noch einmal zu verschärfen, und begann deswegen, nach jedem Training Sonderschichten einzulegen.

Zwei Entscheidungen voller Entschlossenheit und mit einer klaren Zielrichtung, die ich auch mit Ausdauer untermauerte. Zwei Entscheidungen, die vordergründig von all dem getragen wurden, was wir als ZUPA beschrieben haben – und zwei riesige Fehler, die meiner Karriere als Fußballspieler einen nie wieder zu begradigenden Knick zufügten.

Warum? Ich lasse dich mitraten: Nimm dir 20 Sekunden und versuch, darauf zu kommen, was passiert sein könnte. Wohlgemerkt, es handelt sich um Dinge, die in *meiner* Verantwortung lagen, ich rede nicht von unglücklichen Umständen oder Zufällen.

Fertig?

Die Auflösung

Der Fehler in meinem Liegestütz-Plan, ich mache es kurz, war folgender: Durch das tägliche Fußball-Training war mein Körper schon einer hohen Belastung ausgesetzt. Die Liegestütze kamen nun täglich dazu. Ich machte sie barfuß, was nach ca. zwei Wochen zu einem Ermüdungsbruch im (dadurch auf die Dauer zu stark belasteten) Mittelfuß führte, der mich ein halbes Jahr außer Gefecht setzte.

Und was ging bei meinem Saisonvorbereitungsplan mit 20 schief? Nun, ich kam aus der Sommerpause und fing an, statt Grundlagenausdauer in meinen Sonderschichten sofort massiv Sprints zu trainieren. Das führte zu *Übertraining*, was mich wieder ungefähr ein halbes Jahr kostete. Ich erkannte auch nicht, was passiert war und wunderte mich monatelang, warum ich mich vor jedem Spiel schlapp und ausgepowert fühlte. Erst eine längere Verletzung sorgte dafür, dass ich mich erholen konnte.

Was hatte ich grundsätzlich falsch gemacht?

Ich hatte auf eigene Faust gehandelt, ohne Experten hinzuzuziehen, ohne mich von jemandem anleiten und gegebenenfalls korrigieren zu lassen. Meine Trainer, die mich sonst hätten abhalten können, hatte ich noch nicht einmal über meine Spezialtrainingspläne informiert. Niemand war da, der mich auf die Gefahren hätte hinweisen können. Die Folgen waren für meine fußballerische Karriere verheerend.

Entschlossenheit ohne Abgleich mit Expertenwissen und der Verzicht auf Anleitung durch erfahrene andere können dir in jedem Lebensbereich zum Verhängnis werden!

Wie viele Menschen haben schon voller zielgerichteter, unbeirrbarer Pro-Aktivität, aber *ohne* das Hinzuziehen von Fachleuten (oder überhaupt jemandem) gehandelt und so schweren, nicht wiedergutzumachenden Schaden erlitten?

Der eine überfällt mit Entschlossenheit eine Tankstelle, weil er das für eine gute Idee hält, schnell an Geld zu kommen. Dafür sitzt er dann im Gefängnis. Die andere schickt mit Entschlossenheit ihrem Exfreund ein selbstgedrehtes Video mit erotischen Aufnahmen, um ihn zurückzugewinnen, und findet es dann im WhatsApp-Gruppenchat ihrer Schulklasse wieder.

Diese Fälle mögen offensichtlich scheinen, aber der Teufel kann auch im Detail stecken – oder bist du weiter oben auf meine beiden Fehler gekommen und hast das Gefahrenpotenzial meiner Trainingspläne erkannt? Wenn ja, dann gehe ich davon aus, dass du dich im Bereich der Trainingslehre sehr gut auskennst. Doch wer kennt sich schon in *jedem* Gebiet des Lebens aus, das Gefahren birgt?

Deswegen ist es von absolut entscheidender Bedeutung, deiner ZUPA die Bereitschaft hinzuzufügen, deine Pläne Spezialisten mitzuteilen und sie von ihnen gründlich prüfen zu lassen oder zumindest umfassend die vorhandene Literatur zum Thema zu studieren.

Schnell kann es sonst passieren, dass du gar nicht mehr die Möglichkeit hast, deine Zwischenresultate auszuwerten und mit Flexibilität auf sie zu reagieren.

Es gibt Pläne, die du nicht mehr anpassen kannst, wenn sie nicht das gewünschte Ergebnis bringen, und es ist somit in vielen Fällen nicht nur „ein netter Bonus", sie vor der Durchführung vor anderen zur Diskussion zu stellen, sondern überlebenswichtig.

KAPITEL 10

WINNER BASIC NR. 5: DAS PROFI-MINDSET – ÄNDERE DEINE LIGA

»Entweder man fliegt mit den Adlern oder man scharrt mit den Hühnern.«

Robert Halver

Lebst du bereits nach den bis hierher aufgeführten Basics, hebst du dich schon deutlich vom Durchschnitt ab. Du hast etwas geschafft. Allerdings: Um tatsächlich Großes zu verwirklichen, ist das nicht genug. Willst du deine Träume wahr werden lassen, dann sei bereit, deine Lebensziele so ernst zu nehmen wie ein Spitzensportler seine Karriere.

Im Zuge dessen gilt es, zwei bestimmte Bereiche deines Lebens mit einem völlig neuen Level an Professionalität anzugehen: dein *Selbstmanagement* und die *Erstellung und Verfolgung deines Masterplans*. Andernfalls bleibst du auf der Stufe des Amateurs, der sich in der überschaubaren Gemütlichkeit einer leidlich bequemen Lebenssituation einrichtet, bis es zu Turbulenzen kommt. Lass dich vom Gedanken an ein erträgliches Kompromiss-Dasein nicht einlullen.

Du hast nur dieses eine Leben und das willst du auskosten, so erfüllend es geht.

Du möchtest nicht auf dem Sterbebett auf einen Haufen lauwarmen Langweilerkram zurückblicken. Und um den Schritt weiter zu gehen, musst du ein *Profi* werden. Jemand, der sich nicht mit schalen Kompromissen zufriedengibt, sondern die Bereitschaft mitbringt, auch die Aufgaben anzupacken, die für ihn mit Unlust und innerem Widerstand belegt sind.

Bleib kein Amateur

Der Amateur, das Macherchen, bleibt auf seinem Entwicklungsweg in Phasen stecken, in denen es nicht voranzugehen scheint und in denen er mit Bereichen konfrontiert wird, die ihm „nicht liegen". Er setzt auf Bewährtes und ruft gewöhnlich das an Techniken und Vorgehensweisen ab, womit er sich aus Gründen der Gewohnheit sicher fühlt.

Der echte Macher, der Profi, hingegen geht dahin, wo es wehtun kann. Er marschiert auch dann weiter voran, wenn er mit Hindernissen oder Phasen konfrontiert ist, in denen er nur mühsam oder vermeintlich gar nicht weiterkommt. Er legt klare Ziele fest und lässt sich an ihnen messen, fordert schonungsloses Feedback und stellt sich diesem. Er hinterfragt auch scheinbar reibungslos funktionierende Abläufe und klopft sie auf ihr Entwicklungspotenzial ab. Der Macher wird nie müde, an seine Grenzen und darüber hinaus zu gehen, Neues zu lernen und sich stetig um Verbesserung zu bemühen. Um seine Ressourcen auszuschöpfen, zieht er Experten heran und hält stets Ausschau nach Werkzeugen und Techniken, die ihn noch effizienter und produktiver werden lassen. Er hat die Fähigkeit, sich auch aus einer gesättigten Situation heraus aufraffen zu können und Glaubenssätze zu hinterfragen, und es gelingt ihm, seine Unlustgefühle dem Streben nach seinen großen Zielen unterzuordnen.

Für einen Amateur, der sich beispielsweise im Bereich der Wirtschaft nicht zu Hause fühlt und ihn vielleicht sogar mit Kaltherzigkeit und Ausbeutung assoziiert, wird es schwer bis kaum möglich sein, sich zur Erreichung seiner Ziele mit Techniken, die dort Anwendung finden, auseinanderzusetzen, geschweige denn, sie sich für den persönlichen Gebrauch anzueignen.

Der Profi hingegen überwindet seine Scheu oder Aversion und überprüft zielgerichtet und offen alles auf seine Verwendbarkeit.

Der Amateur weigert sich, etwas von Menschen zu lernen, die ihm unsympathisch sind.

Der Profi lässt sich davon nicht beeindrucken und analysiert, ob sie etwas Hilfreiches zu sagen haben – und falls ja, nimmt er es auf.

Der Amateur ist darauf ausgerichtet, *etwas* besser zu sein und es *etwas* besser zu haben als die Menschen um ihn herum. Der Profi will der Beste sein, der er sein kann. Er misst sich an seinem eigenen Potenzial.

NACHWORT UND VORSCHAU

Lieber Leser, liebe Leserin,

an dieser Stelle möchte ich dir Danke für dein Vertrauen und deine Zeit sagen. Ich hoffe, dass ich dir in den vorangegangenen Kapiteln einige hilfreiche neue Ideen und Denkanstöße mit auf den Weg geben konnte.

Es bleibt mir noch, dich auf meine Internetseite (www.lexroman.de) hinzuweisen, auf der du eine Menge an weiterführender Begleitung und Unterstützung, Angeboten und Empfehlungen findest. Falls dir dieser erste Teil gefallen hat, kommst du dort auch zu dem Link, mit dem du dir mein komplettes Buch **Wer soll dich aufhalten ... wenn nicht du selbst?** (enthält alle vier bzw. fünf Teile in einem Band) sichern kannst.

Um dir einen Überblick zu geben, was dich darin erwartet, habe ich im Anschluss eine kleine Zusammenfassung der einzelnen Teile angefügt.

Über unsere Facebook-Gruppe hast du auch die Möglichkeit, mich persönlich zu kontaktieren. Scheu dich nicht und nimm sie wahr: Ich freue mich auf deinen Input, deine Fragen und dein Feedback!

Bis bald, mach das Beste draus,

Dein

Lex Roman

 Hat dir dieses Buch gefallen? Dann  würde ich mich enorm über eine kurze Bewertung auf Amazon freuen. Je frischer dein Eindruck, desto besser. Du hilfst mir damit sehr! Vielen Dank!:)

⇨ **Dir liegt etwas auf dem Herzen, du hast Fragen, Anregungen oder Feedback?**

⇨ **Du möchtest direkt mit mir in Kontakt treten?**

⇨ **Du würdest gern den Schwung mitnehmen, am Ball bleiben und von dem Erfahrungsschatz und der Unterstützung einer motivierenden Gemeinschaft profitieren?**

⇨ **Du willst selbst einen Beitrag leisten, andere zu unterstützen?**

Dann komm JETZT in unsere Facebook-Gruppe „Wer soll dich aufhalten? Mehr Erfolg. Mehr. Glück. Mehr Freiheit."

Was dich in den anderen Teilen erwartet: ein Ausblick

Wer soll dich aufhalten ... wenn nicht du selbst?

Teil 2

Ziele: die Smart-&-Simple-Methode – wie du Klarheit in deinem Leben schaffst und dein großes Wohin- und-Warum findest

In welchem Lebensbereich auch immer du dir Erfolg wünschst – ob du ein unerschütterliches Selbstvertrauen dein Eigen nennen, vollkommene finanzielle Freiheit auskosten oder glückliche, erfüllende Beziehungen genießen willst – der erste Schritt ist immer derselbe: die Gewinnung von *absoluter Klarheit* über dein Ziel.

Die unmissverständliche Festlegung eines Ziels ist darüber hinaus noch *viel mehr* als das. Sie wirkt oft wie das Umstoßen eines Dominosteines – alles andere (die Umsetzung) folgt danach nahezu wie von selbst.

Ohne ein eindeutiges Ziel hast du keine Orientierung und tappst verloren im Dunkeln. *Wenn* du es jedoch geschafft hast, dein Ziel und die Meilensteine auf dem Weg dorthin exakt zu definieren, dann arbeitet jede Faser deines Körpers unweigerlich auf sie hin – du steuerst nahezu schlafwandlerisch sicher auf sie zu.

Das von mir dazu entwickelte **Smart-&-Simple-Konzept**, das ich dir in diesem Teil vorstelle, unterstützt dich dabei, im Eiltempo zu sauber geklärten und extrem motivierenden Zielen zu gelangen. Zielen, die dir den Weg leuchten und dich beflügeln, die dich mit einem klaren Fokus für dein ganzes Leben ausstatten – und das, ohne dir deine Leichtigkeit und deine Spontaneität zu nehmen.

Auszug aus dem 2. Band: Ziele: die SMART & SIMPLE Methode

...

Klarheit ist Macht

»Die Welt tritt zur Seite, um jemanden vorbeizulassen, der weiß, wohin er geht.«

David Starr Jordan

Für alle großen und kleinen Ziele und in jedem Bereich deines Lebens gilt: **Klarheit ist Macht.**

Sie gibt dir die Kraft, etwas zu bewegen, da du mit ihr deine Energien dort bündeln kannst, wo sie benötigt werden. Klarheit über deine Ziele versorgt dich mit Motivation, Ausdauer und dem Killerinstinkt, den du brauchst. Sie lässt dich voller Entschlossenheit dort voranschreiten, wo andere erschlafft am Wegesrand zusammensacken, mit ihr marschierst du durch Täler und räumst Hindernisse aus dem Weg. Ihr feindlich gegenüber stehen alle Formen von Unklarheit, Zerstreuung und Konfusion, sie machen jedes echte Vorankommen *unmöglich*.

Unklarheit ist jedoch die Regel: Die meisten Menschen haben nur verschwommene Vorstellungen davon, was sie in ihrem Leben erreichen wollen. Werden sie explizit gefragt, so nennen sie im Normalfall bescheidene, wenig herausfordernde Teilziele, mit denen sie sich nicht allzu weit aus dem Fenster lehnen.

Warum das innere Opfer Klarheit hasst

Das ist kein Wunder: Wo ein übermächtiges inneres Opfer regiert, da ist es bestrebt, vorauseilende Entschuldigungen für ein erwartetes, mageres Durchschnittsdasein parat zu haben. (Als *inneres Opfer* bezeichnen wir die Gesamtheit der in uns liegenden Opfer-Anteile. Ihm gegenüber steht der *innere Macher*. Mehr zu den Begriffen im ersten Teil dieser Buchreihe *„Die 5 WInner Basics"* oder auf *www.lexroman.de*.) Unter seinem Einfluss sorgt der Betroffene selbst unbewusst dafür, dass die Unklarheit über seine Ziele für ihn und andere bestehen bleibt. Hochgesteckte, eindeutige und gar öffentlich verkündete Ziele würden schließlich dafür sorgen, dass man ihn zur Rechenschaft ziehen kann. Man könnte ihn fragen, warum denn so eine große Lücke zwischen Anspruch und Wirklichkeit klafft, und das ist für den Opfer-Typus unerträglich. Also geht er den bequemen Weg und nennt zaghafte Minimalziele, möglichst begleitet von ungenauen Zeitangaben und eingebauten Gelegenheiten für Ausflüchte aller Art. Damit kann er sich selbst und anderen viel leichter in die Tasche lügen und behaupten, er *wolle* gar nicht mehr Erfolg.

Sonst müsste er schließlich zugeben, dass er sich diesen einfach nicht zutraut. Die Verhinderung jeder Klärung ist nicht nur ein untrügliches Indiz für ein Opfer-Dasein, sondern auch eine entscheidende Stütze zu dessen Aufrechterhaltung. Oder anders ausgedrückt: Du triffst eher den Yeti und Reinhold Messner zusammen schunkelnd auf dem Marktplatz als einen Opfer-Typus, der dir durchdachte, klar terminierte Lebensziele nennen kann.

...

(Dieser Band ist bestellbar über meine Webseite www.lexroman.de)

Wer soll dich aufhalten ... wenn nicht du selbst?
Teil 3

Das Geheimnis der Veränderung – wie du
die richtigen
Entscheidungen triffst und sie umsetzt

Wenn ich über den Inhalt dieses dritten Teils nachdenke, so erscheint mir oft ein Bild aus dem (großartigen) Film *Forrest Gump* vor Augen: Der kleine, hinkende Forrest, an beiden Beinen mit allerlei Blechapparaturen zusammengeschient, ändert von einem Moment auf den anderen sein ganzes Leben – er sprengt im Angesicht großer Bedrohung alles Metall, das ihn hält und beginnt zu laufen, immer weiter und schneller, uneinholbar.

Ja, ich weiß, das ist Hollywood, aber lass dich davon nicht einschüchtern: Was auch immer *dich* einzuschnüren versucht, eine beengende Beziehung, quälende Antriebslosigkeit, beklemmende Ängste, ein stressiger Job, der deine kostbare Lebenszeit auffrisst – nichts davon ist unveränderliches Schicksal. Denn: Dein Leben, wie es jetzt aussieht, ist das Ergebnis der

Entscheidungen, die du bisher getroffen und der Dinge, die du bis hierhin getan oder unterlassen hast. Und das heißt auch, dass du *jeden Tag* die Chance hast, einen neuen Weg einzuschlagen – auch wenn du ihn im Moment vielleicht noch nicht erkennst. Dein Traum wartet auf dich, er will von dir gelebt werden.

Stell dir vor, du würdest ab jetzt immer und überall die *richtige* Entscheidung treffen und das *Richtige* tun: in Situationen, in denen du schnell handeln musst, beim Ablegen von schlechten und beim Annehmen von guten Angewohnheiten und beim Treffen großer Lebensentscheidungen.

Wir schauen uns an, wie du dein System so programmierst, dass du automatisch souverän handelst, wo auch immer du gefordert bist. Dein riesiges Potenzial liegt nicht mehr unentdeckt tief in dir brach – du hast es stattdessen vollkommen entfaltet und es steht dir zur freien Verfügung. Das ist die Veränderung, die du erzielen willst. Sie macht dich, im wahrsten Sinne des Wortes, unaufhaltsam.

Und ehe du dich versiehst, befindest du dich in (neuen) glücklichen Beziehungen, sprühst vor Power und Energie, schaust auf deine Ängste als Teil einer kaum noch nachvollziehbaren Vergangenheit zurück und gehst einer durch und durch erfüllenden Tätigkeit nach, die du liebst.

In diesem dritten Teil möchte ich dir deine unendlichen Möglichkeiten aufzeigen und dir dabei helfen, deine mentalen Ketten zu sprengen, den Stress und die Last des Alltags durch das erhebende Gefühl der Freiheit und des grenzenlosen inneren und äußeren Reichtums zu ersetzen und deine mächtigen, in dir verborgenen Kräfte zu entfesseln.

Auszug aus dem 3. Band: Das Geheimnis der Veränderung

...

Was dich falsche Lebensentscheidungen treffen lässt: die 3 Fehlerquellen

Wenn wir genauer hinsehen, wie Menschen falsche Lebensentscheidungen treffen, können wir **drei übergeordnete Fehlerquellen** ausmachen:

A. **Unfreie Entscheidungen – aus Mitläufertum oder Trotz**

B. **Verblendete Entscheidungen – aus Egobedürfnissen, Defizitempfindung und verzweifelter Hoffnung auf Erlösung**

C. **Überhastete Entscheidungen – im Affekt, aus Angst, Gier, etc.**

Alle drei Entscheidungsarten beruhen auf einer gestörten Zielfindung und einem gravierenden Defizit an Selbsterkenntnis. In Ermangelung eines eigenen Wertsystems streben die Betroffenen grundsätzlich *nicht* nach Dingen, die tatsächlich wertvoll sind, sondern nach solchen, die bei anderen beliebt (aktuelle Mode, rar, durch Werbung gepusht), erlösungs- und befriedigungsversprechend oder vermeintlich defizitausgleichend sind.

A) Unfreie Entscheidungen

Die meisten haben keine wirklichen eigenen Ziele. Sie tun unterbewusst nur das, was die Menschen um sie herum auch tun und was ihre Eltern ihnen eingetrichtert haben. (Dies geschieht durch deren transportiertes Wertesystem und gelebtes Vorbild. Sollte beides nicht zusammenpassen, liegt darin Potenzial für weitere Verwirrung.) Oder, wenn sie ein konfliktbeladenes Verhältnis zu Mutter und/oder Vater pflegen, mitunter genau das Gegenteil, um ihren Widerstand auszudrücken. Diese kindlichen Verhaltensmuster lassen sie in ewiger, unerkannter Sklaverei und Abhängigkeit verbleiben – der Heimat des Opfer-Typus.

Die erste Form der unfreien Entscheidung ist somit die nicht hinterfragte Übernahme der Werte anderer. Vermittelt dir deine Bezugsgruppe im Einklang mit deiner familiären Prägung, dass es selbstverständlich ist, einen guten Angestellten- oder Beamtenjob anzustreben, früh zu heiraten, Kinder zu bekommen und dir auf Kredit ein Haus am Stadtrand zu kaufen, so stehen die Chancen gut, dass du diese Ziele, ohne viel darüber nachzudenken, als deine eigenen übernimmst.

Das ist nicht *nur* negativ zu sehen, denn diese Dynamik bringt mit sich, dass du in bestimmten Bereichen grobe Fehlentscheidungen vermeidest (z. B. nicht einfach deine Familie verlässt). Auf gesellschaftlicher Ebene sorgt sie für ein einigermaßen funktionierendes Ganzes: Menschen arbeiten, verhalten sich sozial verträglich, heiraten, bekommen Kinder und vermitteln ihnen das gleiche Schema.

Die zweite Form einer unfreien Entscheidung ist der erwähnte Protest gegen die gesellschaftlichen und besonders elterlichen Werte. In diesem Fall richtest du dein Leben danach aus, so extrem wie möglich gegen ihre Wertvorstellungen zu verstoßen. Du gehst dann vielleicht einer Beschäftigung als obdachloser Münzgeldstricher auf dem Bahnhofsklo nach, um ihnen deutlich zu vermitteln, dass sie bei dir alles falsch gemacht haben. (*„Seht her, was wegen euch aus mir geworden ist!"*) Oft kommt es auch zu einem widersprüchlichen Verhaltensmix, der beide Ansätze auf seltsam anmutende Weise koexistieren lässt.

B) Verblendete Entscheidungen und C) Überhastete Entscheidungen

Bei diesen beiden Punkten gibt es Überschneidungen, da ihnen oft die gleichen Faktoren zugrunde liegen. Trifft dein Ego deine Entscheidungen, so zählt es für dich hauptsächlich, mit ihnen *nach außen* gut dazustehen: Sie sollen Eindruck schinden. Damit orientierst du dich an *Schein*werten, was eine äußerst ungute Basis für deine Handlungen darstellt. Viele Menschen verschwenden Unmengen ihrer kostbaren Lebenszeit dafür, in einem neuen Angeberwagen sitzen zu können, statt in einem günstigen Kleinwagen. Sie heiraten Partner mit zweifelhaftem Charakter, die ihnen die Hölle auf Erden bereiten, weil sie gut aussehen oder wohlhabend und vorzeigbar sind.

Nicht immer eindeutig von Egomotiven getrennt und häufig mit ihnen verbunden, sind Antriebe, die aus einem schweren Defizitempfinden und einem mickrigen Selbstwertgefühl heraus wirksam werden. Die Betroffenen verspüren den Drang, ihre empfundene Minderwertigkeit mit Dingen auszugleichen, die sie augenscheinlich „dazugehören" lassen. Sie benötigen eine „Krücke", die sie statt echter Substanz einsetzen. Diese soll sie aus ihrer Situation der ständig gefühlten Bedrohung erlösen.

So löst ein attraktives Gegenüber, das eine Kontaktchance anbietet, bei jemandem, der weder ansprechen kann noch häufig angesprochen wird, oft intensive Emotionen aus. Dem Opfer-Typus erscheint das Kontaktangebot als nahezu einziger Ausweg aus seinem amourösen Jammertal – doch nicht nur das. In seiner Phantasie ist es auch die einzig mögliche Erlösung von dem Gefühl, minderwertig, ein „Versager" zu sein, der „niemanden abkriegt". Diese übersprudelnden Energien lösen oft distanzloses, aufdringliches Verhalten aus, sodass sie den anderen nicht mehr als Menschen, sondern wie ein Objekt behandeln, das ihre persönlichen Mängel auszugleichen hat. Haben sie dann einmal tatsächlich ein männliches oder weibliches Exemplar ergattert, das nicht schreiend das Weite sucht, so versuchen sie es mit allen Mitteln (moralische Erpressung, sofortiges Zusammenziehen, Geschenke, überstürzter Heiratsantrag etc.) an sich zu fesseln und so zu kontrollieren. Paranoide Verlustangst, Eifersucht und Besitzwahn sind ihre Handlungstriebfedern. Werden unter diesen Voraussetzungen Lebensentscheidungen mit langfristigen Konsequenzen getätigt, ist dies selbstredend höchst gefährlich – so heiraten viele Männer und Frauen nur deshalb, bauen Häuser, brechen den Kontakt zu Familie und Freunden ab, verschulden sich oder bringen sich sogar um.

...

(*Auch dieser Band ist bestellbar über meine Webseite www.lexroman.de*)

Wer soll dich aufhalten ... wenn nicht du selbst?
Teil 4

9 Wege zum Erfolg – wie du dein Potenzial befreist und aufhörst, auf der Stelle zu treten

Vielleicht hast auch du schon einmal diese Erfahrung gemacht: Du willst etwas in deinem Leben verändern (deine Einsamkeit beenden, dem monotonen Hamsterrad deines Alltags entfliehen oder deine Selbstzweifel hinter dir lassen), und liest zu diesem Zweck Bücher, schaust Videos und absolvierst Kurse. Doch immer, wenn du nach einiger Zeit deine Resultate nüchtern betrachtest, erkennst du mit Schrecken, dass sich nichts *wirklich* getan hat. Du liest daraufhin neue Bücher, schaust neue Videos und besuchst vielleicht sogar teure Seminare, aber das Resultat ist wieder das gleiche. Nichts scheint zu helfen – eine unsichtbare Macht *in dir* scheint dich zurückzuhalten! Alles, was du hast, ist das unbestimmte *Gefühl*, viel wertvolles Wissen gesammelt zu haben und auf all die wunderbaren Veränderungen mental gut vorbereitet zu sein, jedoch: Deine Traumfrau oder dein

Traummann ist weit und breit noch immer nicht zu sehen, deine neue Tätigkeit, die dich finanziell und persönlich vollkommen befriedigt, noch immer nur Phantasie und dein Selbstvertrauen noch immer leicht zu erschüttern.

Im vierten Teil zeige ich dir, wie du es schaffst, *echte* Durchbrüche zu realisieren und dich in eine Aufwärtsspirale zu katapultieren, die dich in jedem Lebensbereich unwiderstehlich nach oben zieht. Ohne jede aufgebauschte Scheinentwicklung und Verklärung der Realität.

Zunächst inspizieren wir dazu die Macht in dir, die dich zurückhält und im Verborgenen sabotiert. Es ist, so viel schon vorweg, dein *inneres Opfer* (nicht dein innerer Schweinehund!). Du findest in diesem Teil die Werkzeuge – die konkreten, direkt umsetzbaren Maßnahmen und Techniken, mit denen du *greifbare* Ergebnisse erzielst: Vor dir liegt eine breite Auswahl an tödlichen Waffen, mit deren Hilfe du dein inneres Opfer vernichtend schlagen kannst. Die Belohnung für diesen Sieg ist reich: Dein Weg ist frei, deine Blockaden sind gelöst. Spür den Wind in deinem Rücken und erreiche mit spielerischer Leichtigkeit all das, was du dir vorgenommen hast, und noch viel mehr. Lass eine Welt für dich zunehmend Realität werden, in der mehrere Traumpartner(-innen) *um dich* kämpfen, in der du dich vor lauter angebotenen Wunschtätigkeiten kaum entscheiden kannst und in der du, wo du gehst und stehst, vor Selbstbewusstsein und Selbstvertrauen nur so strotzt.

Auszug aus dem 4. Band: *9 Wege zum Erfolg*

...

Menschen helfen

Menschen zu helfen, ist nicht nur eine gute Sache an sich, sondern ebenso ein mächtiges Werkzeug, deine Grundeinstellung vorteilhaft zu beeinflussen. Wie kommt das? Kurz gesagt: weil du dein Gehirn damit trainierst, dich als Macher statt als Opfer wahrzunehmen. Das Opfer sieht sich selbst als defizitär, als jemand, dem übel mitgespielt und der benachteiligt wurde. Folglich ist in der Opfer-Wahrnehmung die Umwelt gefordert, das ihm zugefügte Unrecht wiedergutzumachen. Hinzu kommt das tief eingegrabene

Mindset des Mangels, von dem das Opfer geprägt ist. Ohne Hoffnung, sich aufgrund seiner Fähigkeiten jederzeit selbst alle benötigten Ressourcen beschaffen zu können, lebt es in stetiger Angst. In seiner Verzweiflung versucht es, in anderen Mitleid zu wecken, sie auszunutzen oder sie zu übervorteilen. Anderen selbstlos zu helfen und denjenigen, denen es schlechter geht, etwas Gutes zu tun, ohne dafür eine Gegenleistung zu fordern, läuft dem Opfer-Selbstverständnis komplett entgegen. Tust du es dennoch, signalisierst du deinem Gehirn deutlich, dass *du* kein Opfer bist, und verstärkst stattdessen massiv eine Selbstwahrnehmung als im Überfluss lebender Macher, als Mensch, der mehr als genug Ressourcen hat und gern andere beschenkt. Und diese Übernahme eines Macher-Mindsets ist für dich, wie schon ausführlich an anderer Stelle dargelegt, *unbezahlbar* – sie verändert von Grund auf, wie du durch die Welt gehst. Allerdings: Das funktioniert nur, wenn du wirklich aus freien Stücken handelst und etwas für jemanden tust, der dir nichts außer seiner Dankbarkeit zurückgeben kann. Du darfst nichts erwarten oder dich in einer Form gedrängt fühlen, wie z. B.

beim Euro für die Toilettenfrau oder dem Punk, der dich auf der Straße anhaut. Sozialem Druck nachzugeben, ist Opfer-Verhalten, und das weiß auch dein Unterbewusstsein. Ganz anders sieht es aber aus, wenn du z. B. den Rentner, der im Park Pfandflaschen sammelt, mit einer Unterhaltung von Mensch zu Mensch und einer kleinen Gabe beschenkst.

Suche und finde Menschen, denen du etwas geben kannst – deine Zeit, deine Aufmerksamkeit, Hoffnung, ein wenig Geld – und das regelmäßig.

Was du von Herzen gibst, wirst du vielfach zurückbekommen, und zwar genau dann (und auch erst dann), wenn du absolut nichts zurück erwartest.

Nichts anderes ist das Prinzip des guten Karmas.

...

(Dieser Band ist ebenfalls bestellbar über meine Webseite www.lexroman.de)

Wer soll dich aufhalten ... wenn nicht du selbst?
Teil 5 (Bonus in der Sonderedition)

Der Macher Masterplan – wie du deine persönlichen und professionellen Lebensziele Schritt für Schritt im Handumdrehen erreichst

Was du in den vorangegangenen Teilen gelesen hast, war dir immer noch nicht konkret genug? Du willst eine kinderleicht zu verstehende Anleitung, die dir Schritt für Schritt sagt, was du zu tun hast, wenn du einen Bereich in deinem Leben neu gestalten und ein Ziel – sei es finanzielle Sicherheit, innerer Frieden und anhaltende Positivität oder eine dauerhaft glückliche Partnerschaft – erreichen willst?

Die sollst du haben: Der 5. Teil nimmt dich an die Hand und geht mit dir die Stationen zur Erreichung deines Ziels nacheinander ab. Du wirst nicht mehr von einer auf dich einströmenden Masse an zusammenhanglosen Informationen übermannt – er ordnet sie für dich, erstellt mit dir einen übersichtlichen Masterplan und nimmt mit dir gemeinsam eine Stufe nach der anderen auf dem Weg nach oben. Folge diesem Weg, komme auf ihm mit dir ins Reine, mach dich finanziell unabhängig und/oder werde Teil einer sich gegenseitig bereichernden Gemeinschaft. Und erinnere dich schon nach kurzer Zeit kaum mehr an die Sorgen, die dir im Moment noch riesenhaft erscheinen.

(Die komplette Buchreihe „Wer soll dich aufhalten ... wenn nicht du selbst?" ist auch als Gesamtausgabe erhältlich und umfasst die Teile 1 bis 4. Teil 5 ist als Bonus nur in der Sonderedition für Vorbesteller enthalten, kann ansonsten aber separat nachbestellt werden.)

Bestell dir die große Gesamtausgabe mit allen Bänden über meine Seite *www.lexroman.de* und sichere dir eins der Sonderexemplare mit Bonus.

Buchinformationen
Bibliografische Information
der Deutschen Nationalbibliothek:
Die Deutsche Nationalbibliothek
verzeichnet diese Publikation in
der Deutschen Nationalbibliografie;
detaillierte Daten sind im Internet
abrufbar über: http://dnb.dnb.de.

Alex Roman
c/o Postflex #545
Helmers Kamp 74
48249 Dülmen
Druck: Amazon Europe, Luxemburg
ISBN: 978-3-96818-000-7

Urherberrecht